Vershon
Papiamentu

I0516894

MARKANAN DESMASKARA

SYDELLE RICARDO

Copyright © 2025
All rights reserved.
MARKANAN DESMASKARA
by
Sydelle Ricardo

Poesia: Edelmira A. Koko-Ricardo

Coach: Drs Luisette Kraal.
www.Luisettekraal.com

ISBN: 978-1-960509-28-4

KONTENIDO

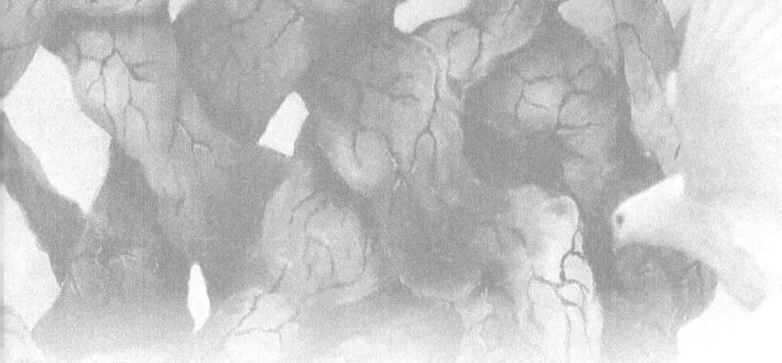

Inspirá pa e historia di Shana

"*E ta kima dor di mi manteka di wesu,*
ta penetrá dor di mi alma
i ta mishi ku mi spiritu.
E ta afektá ken mi ta di bèrdat
i ta pusha mi den ken mi ta bira.
E ta laga mi paralisá ku miedu i bèrgwensa.
M'a pèrdè mi inosensia….
muchu tempran."

- Sydelle Ricardo-

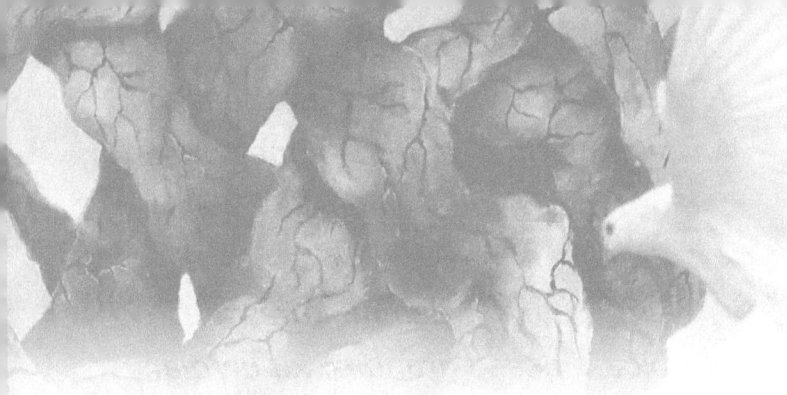

No por ta bèrdat‼

Aunke e ta un realidat

Tòg mi mente ainda no ke proses'é

Si, mi sa ku e ta un echo

Pero tòg mi kurason ainda no ke asept'é

Mi ta rechasá mi realidat

Pa purba tene loke mi a pèrdè....

Djis un tiki mas

Por ta asin'ei mi por logra dominá mi doló?

Pretendiendo ku tur kos a keda meskos?

Mi lucha interno t'asina grandi

Tin ora mi pretenshon ta gana......

Pero un ta dura muchu ku e realidat

Ta bolbe gana mi

Mi desesperashon ta krese

I bira kada dia mas grandi

Anto temor konstantemente ta asotá mi

Mi t'un prizonero di mi mes situashon
Anto mi no tin e yabi di mi mes prisòn
Por fabor!..yuda mi buska e yabi
Pasobra...maske e no ta parse
Tòg...hundu den mi kurason
Ta biba e deseo grandi... ku un dia..
lo mi sali
Por fabor yuda mi buska e yabi

Mi yabi...

1. INOSENSIA

Tempu ku mi tabata mucha, mi mama i tata tabata tur kos pa mi. Nan tabata duna mi siguridat. Ora ku mi pensa riba mi mama i tata mi emoshon ta yena. Kasi mi por saka mi man mishi ku mi mama su kútis fini koló di mespel. Mi mama, haltu i elegante banda di mi tata kende tabatin bon tipo. Den bista di hopi un pareha prominente i ku klase.

Mi mama tabata bula bai Miami por lo ménos kuater bia pa aña pa kumpra pañanan bunita, di kalidat i na moda pa bende i naturalmente tambe pa nos mes bisti. Mi no por kòrda ni un momento ku mi mama no tabata asina! Mi mama tabata esun ku mi tabata bai tur kaminda kuné. Mi tabata un ekstenshon di mi mama. Kaminda mi mama ta, ami ta. Sea ta botika òf Mensing's Caminada, mi tabata serka dje. Maske nos bai pa kumpra un kos so, nos ta sali ku mas. Mi tabata bras'é, wak e ku wowo lif te ora e kai na mi pena. Di otro un banda mi mama tabata strèn i tabata suta nos ora tabatin mester.

Mi tata nunka tabata rabia ku nos. Te kaminda mi ta kòrda, ta un bia so el a straf mi, pa despues e mes t'esun ku ta bin puntra si mi ta oké i ta trese kos dushi den kamber pa mi. E ta esun ku tabata hiba i trese nos den su outo nèchi, yen di stail. E tabata muskuloso, gusta bisti bon i yama atenshon. E tabata mi héroe i mi tabata gusta broma kuné!

Tur dos mi mayornan tabatin bon smak pa tur loke ta bunita, ku klase, kolonianan europeo ku ta hole dushi, pues nan tabata biba bon.

Kiko ku mi tabatin mester di dje mi tabata haña; manera paña, kèts, sapatu, kos di hunga i mi kos preferí…Barbi.
Mi tabata gusta hunga ku pòpchi mashá. Pa mi kumpleaño, pa Pasku òf pa kualke otro okashon ku un hende puntrá mi kiko mi ke, mi kontesta standart tabata un Barbi òf algu pa mi por hunga ku e Barbi. Mi tabatin kushina, outo, kabai, Kèn, kama…tur spesial di 'Mattel', ku ta e marka di Barbi. Mi a krea un mundu di Barbi den mi kamber bou di mi büró, einan tur loke mi tabata mira den bida real mi tabata usa mi imaginashon pa krea esaki meskos pa mi Barbinan. Pues mi tabata krea un mundu ideal pa nan.

E mundu di pafó mi ker a trese bèk den mi kamber i inkorporá tur esaki den mi mundu di fantasia. Un mundu ku no ta eksistí. E mundu ku ami tin den mi kabes. Kaminda tur kos ta perfekto! Ami ta krea mi mundu di fantasia, kaminda nada malu no ta pasa ku hende. Den mi mundu di fantasia semper tin un bon final. Einan malu no ta eksistí i mi tabata mira tur kos dor di un brel ros. Ros, pasobra mi tabata gusta koló ros i tur mi kosnan di Barbi tambe tabata ros. Tur mi kosnan mester tin ros den nan. Mi kamber tabata ros i blanku. Pa mi e koló ros tabata representá; mucha muhé lif.

Den mi kamber kaminda ku mi tabata pasa hopi tempu, mi por a keda oranan ta biba den mi mes mundu di fantasia. Mi mihó amigu, kende tabata mi bisiña, tabata bin hunga serka mi i e tabatin mag di hunga ku Kèn; e kasá di Barbi. Nos no tabata kansa di hunga, nos tabata fasiná ku tur e weganan, ma e ora si tabata pasa muchu lihé. Pero asina ku e stèm fuerte di mi yaya resoná den kas pa mi amigu bai su kas, wega a kaba mesora. Ora Yaya papia tur hende ta tende! E tabatin un stèm manera e kampana ku nan ta bati ora ku tumba ta dal den e temporada di karnaval. Mi yaya ta puntra mi amigu semper si e no tin kas!

Den nos kas nos tabatin un total di kuater kamber, kada un ku su baño.

Tur kamber den e kas tabata keda na e parti drechi di nos kas. Te dilanti den nos kas tabata e kamber matrimonial di mi mayornan. Siguí pa e kamber i baño di mi ruman muhé parti di tata ku yama Judy, kaba mi baño i mi kamber, pa finalisá te patras e kamber i baño di mi ruman hòmber Bryan. E kamber di mi i esun di mi ruman hòmber tabatin nan propio entrada tambe ku tabata sali patras riba e balkon i e otro tabata sali pafó den kurá. Un pasio tabata konektá tur e kambernan.

Ora nos tabata den nos kamber lus pagá, e lus den e pasio tabata pasa bou di porta. E lus ei tabatin hopi importansia pa mi. Mi no tabata gusta sukú den kamber ora mi tin ku drumi. Pero e lus ei, ku tabata penetrá bou di mi porta i drenta den mi kamber, tabata duna mi trankilidat. Trankilidat ku tin lus i ku mi por enfoká riba e klaridat ei i sinti pas. E lus ei tabata duna mi e sintimentu ku mi kamber diripiente no ta sukú mas. E tabata duna mi un sintimentu di seguridat. Mas despues e lus akí a bin resultá di ta importante pa e añanan ku lo sigui.

Ora mi a bira mas grandi, nos kas ku tabata keda na 'Mahaai' a bira kasi loke nan ta yama un Sentro pa hóben awendia. Kaminda gruponan di hóben tabata bini na slòf òf pia abou, pa pasa nan tempu despues di skol. Hunga wega di ninichi, tapa kara i sinta mal kansá i sodá riba balkon ta papia i hari. Nos tabata drecha pan ku keshi pasá den manteka i keintá den panchi, mihó ku kualke tòsti di e tempu akí, pa despues nos alimentá nos mes ku fruta.

E frutanan ku nos tabata kome nos tabata kue for di e palunan di fruta den nos mes kurá. Tabatin palu di shimaruku, sòrsaka, mespel, kashu, apeldam, mango, bakoba, lamunchi i tamarein. Esun delaster tabata realmente di nos bisiña pero e echo ku su brasanan tabata kologá den nos kurá, tabata hasié nos palu tambe. Un palu ku mi a keda kòrda semper i ku ta grabá den e parti mas profundo di mi ser, tabata e palu di flamboyan. Ta manera ayera mi ku mi amigu tabata kologá i usa su brasanan pa hasi salto; manera kos ku ta den un kompetensia di 'turnen' pa olimpiada nos tabata.

E flamboyan su brasanan tabata grandi i fuerte pasobra ami plùs mi amigu por a kologá pareu na dje sin ku e ta krak. Nos tabata sinta den e palu kòmbersá i sinti nos sigur meimei di tur e bestianan ku tabata biba den dje. Pa despues ku nos kansa nos bula abou ku un salto bunita. Nos tabata mantené nos lomba den un bog nèchi, promé ku nos kai abou ku nos pianan nèchi banda di otro. Nos mannan strak na laira manera ora 'Nadia Comaneci', e 'turnster' di Romania ku a bira famoso den e Olimpiada di 1976, tabata pone su pianan nèchi abou despues di a hasi su parti riba e renchinan. Nos tabata kore den kurá te ora ku nos tende e stèm di tur dia ku ta puntra semper si mi amigu no tin kas pa bai.

E palu ei tabata plantá meimei di nos kurá, ku pa ami den mi memoria tabata masha grandi mes. E palu tabata saka un holó fuerte pero dushi ora e tabatin flor. E flor tabata bèrdè di pafó i ora bo habrié e ta oraño briante i kòrá, e tabata saka un puiru fini, ku si e kai riba bo paña e ta manch'é. E holó tabata skèrpi pero ei mes, suave. Zut i tòg fini asina bou di mi nanishi. Nos tabata pasa oranan den dje. Mi mayornan a laga traha un stupi grandi rondó di dje. Ei nos tabata permanesé, skondí den su sombra.

Ora mi tabata hende grandi kaba ku mi a bai bèk pa wak e kas, mi a bin realisá ku e kurá ku tabata henter un hòfi grandi pa ami komo mucha, a resultá di ta relativamente mas chikí. Huntu ku mi prima, primunan i amigunan di bario di mi ruman hòmber, ku hopi lihé a bira mi amigunan tambe, nos tabata pasa hopi momentonan dushi na nos kas. Tur anochi, den wikènt i den fakansi di skol, nos kas tabata yen di hóben. Asina den kuminsamentu di nos hubentut, nos tabata sosialisá i kompartí bida na nos manera spesial ku otro. Bida tabata bon. Bida tabata dushi…nos tabata den nos pleno hubentut i inosensia.

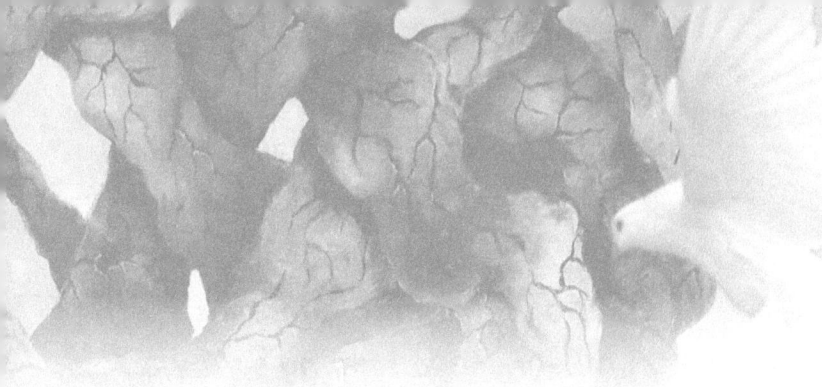

TA BO FALTA

Den mi mente.......
Abundansia di pensamentunan
Ta tuma turno
I mi no ta kapas pa kontrolá...ni unu
A traves dje kanal di desesperashon
Nan ta baha bai abou
I tuma kòntròl... di mi kurason
Manera simia sembrá den bon tera
Nan ta spreit i pari un fruta
Ku ta venená henter mi kurpa....RABIA!!
Sano huisio i konsenshi
Purá ta hasi un esfuerso pa bin yuda mi,
pero.....
Ya ta lat, mi spiritu ta hopi suak
Mi no tin forsa mental ni korporal.

T'esaki..... ta mi final?

Rabia ta pone mi tira falta

Riba hende i sirkunstansia

Den mi rabia mi ta kuestioná......

Asta Dios Su amor i Su grasia

Rabia tin mi enkadená i mi no sa unda e

yabi dje kandal ta

Por fabor!..yuda mi buska e yabi

Pasobra...maske e no ta parse

Tòg...den profundidat di mi ser

Mi alma ta anhelá... pa un dia..

mi wòrdu liberá

Por fabor yuda mi buska e yabi

Mi yabi.......

2. KEMADURA

Mèrdia nos tabata wak vários novela, entre otro 'Topacio, Maite' i 'Que pasó con Jaqueline'. Engaño, tragedia, manipulashon, problema familiar, tur pa amor di dos hende ku ke ta huntu, pero ku di un òf otro manera tabata stroba nan den esei.

E novelanan no a bira solamente famoso na Kòrsou pasobra tabata algu nobo, pero pasobra e kantikanan tambe tabata di otro un mundu. Ricardo Montaner, Jose Luis Rodriguez i otronan a kanta kantikanan di e novelanan ei ku te e dia di awe nan ta laga nos rebibá e tempu ei. E tempunan ei tabata kanta e kantikanan na un manera ineksplikabel, yen di emoshon, pashon i letranan ku por poko tabata hiba bo shelu sin muri.

Kosnan nobo tabata hala nos atenshon, kosnan ku nos no tabata sa di dje òf nunka nos no a eksperensiá. Hendenan ku nunka a sali for di Kòrsou por a tira un bista riba kosnan ku solamente nan a yega di tende di dje, mira den buki i revistanan òf imaginá nan mes. Telekòrsou, Venevishon i RCTV, ta nan tabata resoná den sala di famianan, rumannan, prima i primunan i asta bisiña òf amigu i amiganan den bario.

E kapítulo di e dia tabata kaba i e siguiente dia, bo tabata haña bo sintá i kasi blòkiá den televishon pa wak kon e ta sigui. E novelanan akí, tabata kontradesí e novelanan ku ami i mi amigu bisiña tabata krea den mi kamber a base di nos fantasianan, kaminda tur kos ta kuminsá i kaba ku felisidat i prosperidat.

Pa un òf otro motibu riba un dia mi a bin komprendé ku un primu di nos lo bin biba serka nos. E motibu pa mi semper a keda un charada. E no tabata hopi mas bieu ku mi pero e tabata un hóben ku tabata kabando skol sekundario miéntras ku ami tabata drentando skol sekundario. Mi relashon ku mi prima i primunan tabata hopi bon pasobra nos no tabatin hopi diferensia di edat. Huntu ku esei nos mayornan a sòru semper pa nos hasi basta kos huntu. Tabatin un tempu ku nos tur tabata bai na mi wela despues di skol i tabata pasa mèrdianan huntu. Nan tabata keda drumi serka nos, ya ku den mi mama su rumannan e tempu ei nos tabatin un kas hopi mas grandi i espasioso pa por a risibí tur hende, ku ker a keda drumi òf nò.

E primu akí tabata hopi stimá pa henter famia, komo un di e primunan prèt, ku gusta hasi wega i ku ta sumamente sosial. Nos tabata stim'é pasobra e ta lif i e ta gusta yudá. Su bida no tabata fásil. El a konosé pèrdida na chikí, ora ku su mama a fayesé durante di parto. Mi wela a tum'é den kas. Ora el a bin biba serka nos, pa nos esei no tabata nada straño, ya ku no ta promé bia ku mi mayornan ta tuma famia òf no famia den kas.

Mi mayornan tabata haña importante pa yuda otro persona i esei ta loke nan kier a siña nos tambe. Semper sòru pa bo tin algu èkstra den kas pa por duna otro. Kosnan ku bo no ta usa bo no ta bende pero bo ta regalá. Kosnan ku a bira chikitu pa bo òf si tin kos di hunga ku bo no ta hunga kuné mas, bo ta duna. Si un hende mester di un kaminda di drumi bo ta dun'é kaminda p'e drumi i kos di kome. Si un hende no tin famia nos ta bira su famia. Nunka mi no a tende mi mayornan bisa ku nos ta hasié pa haña bendishon di Dios òf pa haña algu bèk. Nò! Nos ta hasié pasobra t'esei nos ta hasi. Hopi añanan despues mi a bin ta hasi meskos ku mi mayornan i a bin komprendé konsientemente ku di bèrdat duna ta mihó ku risibí.

Tin ora mi ke kòrda kosnan di mi pasado pero mi no ta logra. Mi ta obligá mi mes di trese kosnan di e tempu ei bèk. Lamentablemente hopi lihé mi ta baha mi skouder, hala un rosea profundo di desapunto pasó e kosnan dushi di e temporada ei tampoko mi no ta kòrda mas. Ta mi mama mester rekordá mi e kosnan ku nos a hasi ora nos a bai Venezuela pa kumpra mi paña i kosnan pa mi fiesta di 'quinceañera'. Mi tata tin ku konta mi kon nos a bai wak wega di beisbòl na Orlando. Mi tin ku wak potrèt pa mi sa kiko mi a biba na e edat ei pasobra e memoria no tei. Mi tin ku dependé di otro pa rekordá mi kosnan dushi ku mi pasa aden pero ami mes no sa. Pa mi ta manera ku nan no a pasa.

Ami, Bryan, mi amigu bisiña Chelo, i mi primunan tabata wak novela tur dia. Tabata e promé bia ku mi tabata wak hende sunchi otro na un manera romántiko i sensual. Mirando e esenanan ei - ku por sierto tabata kòrtiku - mi tabata sinti mi kurason kuminsá bati masha lihé. Un sintimentu di inkomodidat pero tambe di kuriosidat tabata bin ariba ora e miradanan di e protagonistanan topa otro. Mi tabata sinti e sunchimentu ta bini kaba. Mi kabeinan riba mi kurpa tabata lanta para.

Mi primu tabata mas desaroyá ku mi i manera tur hóben e lo tabatin su manera ku e ker a ekspresá su desaroyo seksual. Mi no sa spesífikamente kiko a pone ku mi a haña mi den e situashon ei. Mi no sa ku tabata ku un mirada, un pregunta òf un demanda e tabata hasi e supuesto invitashon. Loke mi ta keda kòrda si ta, ku nos tabata wak novela i ku na final di e episodio mi tabata den kamber sukú drumí abou na suela kuné riba mi. Kiko a pasa meimei di esaki ta inkomprendibel pa mi. Mi ta buska kontesta riba e pregunta ei sin por bin kla. Mi ta sinti mi impotente pasobra mi no ta sali afó. Ta asina hopi kos di mi niñes a disparsé, mi no por kòrda nan.

Judy, mi ruman muhé grandi, no tabata biba na kas mas i su kamber a bira e esenario pa traha nos mes novela loke naturalmente a guia na un resultado fatal. Mi primu tabata bisa mi pa nos bai den kamber. E tabata sunchi mi i pasa man na mi kurpa. Semper ami tabata drumí abou i e tabata riba mi. Su kurpa tabata pisá riba mi, mi tabata hañ'é sofokante. Tin momento tabata manera mi tabata sali fo'i mi kurpa; mi tabata mira nos dos drumí eibou. For di ariba mi tabata mir'é riba mi. Mi tabata pèrdè noshon si e kos akí tabata real òf tabata un mal soño. Un sintimentu di tristesa tabata drenta mi i mi tabata bèk den mi kurpa. Mi tabata bira mi kabes kada bia na banda drechi den direkshon di e porta di kamber ku tabata será. Bou di e porta tin un pida habrí. Ora e kamber ta será ta sukú. Ora e lus den e pasio ta sendé mi tabata mira e lus ta pasa bou di e porta bin paden. E kamber tabata kambia den mi bista i bira un lugá horibel. Den e espasio tabatin diferente poster na muraya di diferente agrupashon di banda. Diripiente nan tabata haña bida i e wowonan di e karanan tabata wak mi.

Mi kurason tabata bati duru i e sanger den mi benanan tabata aselerá. Miedu a kambia e holó di mi kurpa. Mi tabata fiha mi bista riba e lus den e pasio ku ta drenta pasa bou di e porta, mi tabata spera riba yudansa. Apesar ku tabata sukú den e kamber, e lus den e pasio tabata mi speransa. Mare nan por gara nos! Òf mihó, tòg nò.

Unda tur hende tabata?
Normalmente di dia i anochi nos kas tabatin hende.

Unda nan tabata ora mi tabatin mester di nan? Ora mi bai bèk den pasado mi no por mira niun hende mi dilanti. Unda mi yaya tabata? Mi ruman muhé i mi ruman hòmber? Mi tata i mi mama lo tabata na trabou? Ta mi tata so tabata traha warda, ke men, unda mi mama tabata anochi anto? Òf no tabata anochi? Pero kon bin e kamber tabata asina skur i e lus den pasio sendé? E novela tabata pasa atardi? Unda mi mihó amigu bisiña tabata? No ta di dia i anochi e tabata serka nos te ku mi yaya mester a kòrd'é ku e tin kas? Dikon mi tabata mi so? Kon por ta?

Na final di kuenta ta ami tabata esun di mas chikí. Esun ku nan mester protehá! Kon por ta ku nan wowonan no tabata riba mi? Nan no tabata mira ku mi bida tabata perfekto, limpi, inosente i ku mi tabata naïf? Ku mi tabata mira bon so i ku mi no tabatin noshon ni ker a aseptá ku malu tambe ta eksistí. Dikon nan no a mira ku ami tabata mes vulnerabel ku kana pia abou ku chèns pa algu por kòrtá mi, hinká mi òf piká mi....mihó bisá... marká mi pa semper?

Na unda Dios tabata? Na unda E tabata ora tur e kosnan akí tabata tuma lugá? Si E ta mira, tende i sa tur kos i E ta mi Tata den shelu Kende ta stimá mi asina tantu, na unda E tabata antó ora mas mi tin mester di djE?

Mi primu tabata bisa mi pa mi chupa su parti íntimo i mi tabata hasié. Mi tabata haña esei masha fis. E ta sunchi mi i ami ta aseptá su sunchi, ku tampoko mi no tabata haña dushi. Ora kaba nos ta sali for di e kamber i ta sigui ku nos bida manera nada no a pasa. Te e siguiente bia i e siguiente bia...te ku el a bira algu ku tabata ripití ku regularidat. Manera un pesadia ku ta ripití su mes; spantu, batimentu di kurason i ansiedat. Kada bes di nobo mi wowonan tabata buska e lus ku ta bini for di bou di e porta den e pasio. Pa un òf otro motibu esei tabata duna mi un tipo di trankilidat, aunke esaki no tabata bèrdat.

Niun hende no tabata sa kiko ta pasando. Niun hende no por a yuda mi. Mi ruman hòmber a wak nos un bia pero den mi bista el a pretendé ku e no a wak nada i despues mi no a riska habri mi kurason pa konta ni e, ni niun otro hende kiko a pasa.

Despues,...wèl despues mi tabata baña, baña mi kurpa te ora mi no por mas. Asina mi tabata purba di laba i kita mi bèrgwensa. Ta un sintimentu fastioso tabata keda tras. Manera ora bo kue un paña zuai un banda pasobra bo no ta bistié mas. Òf ora bo kima algu pasobra bo no ke mir'é ni pintá mas. Awèl mi tabata sinti mi manera den un kueru sushi, na kandela i ku ta hole kimá. Un sintimentu di; sinti mi usá i sigur no bunita mas.

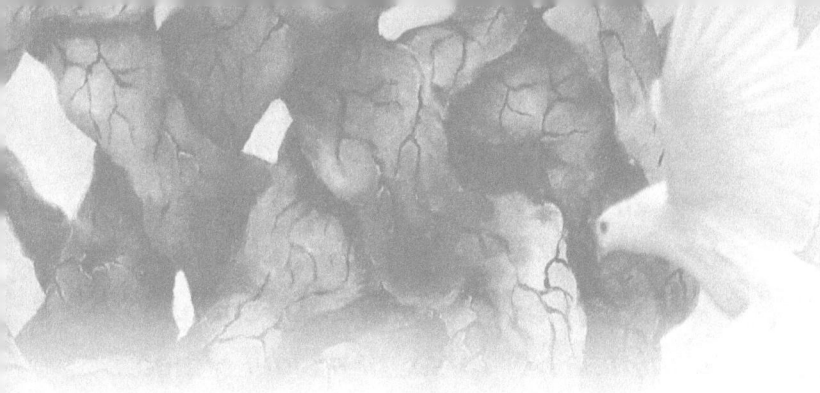

Mi strategia

E loke mi sa bon bon ku a tuma lugá
Di tur forma mi a purba rechasá
Te ora mi a bin realisá
Ku mi esfuerso lo no wòrdu rekompensá
N'e momento ei den skuridat di mi alma
Rabia a wòrdu engendrá
I mi tabata sigur ku ora mi a ekspres'é
Mi hamber pa hustisia lo a wòrdu satisfasé
Sinembargo loke mi a eksperensiá tabata
traishon un biaha mas
Mi a wòrdu benta den un kampo di bataya
I tabata parse ku mi no ta tin chèns pa gana
Mi a purba negoshá keriendo ku mi pèrdida
por a wòrdu evitá
I ora mi doló a bira eminente

Ta masha proyekto a nase den mi mente
Por ta si maske ta unu wòrdu lográ
E viktoria akí por yuda mi lubidá
E doló di mi pèrdida?
Pero enbano....e bataya a kontinuá
Ku mi delaster forsa mi a sigui bringa i
batayá
Ku mi delaster rosea mi a grita desesperá
Tin un hende ku por siña mi e strategia
Kon pa bringa i haña mi viktoria
Promé mi pèrdè mi último energia?
Por fabor.....siña
mi e strategia!

3. AWA PROMÉ

Mi tabata gasta hopi awa. Mi tabata keda largu den baño pa laga awa basha riba mi kurpa. Loke mi ke tabata pa mi kueru kita kai. E sintimentu sushi akí mi no tabata ke. Mi tabata ke risibí un kueru nobo. Unu ku ta limpi i sin mancha. Mi ke e kútis di mi infansia i inosensia bèk; esei mi tabata ke. Pero mi kueru no tabata kambia i mi no tabata inosente mas. Mi tabata parti di un novela, kaminda traishon, amargura i tristesa tabata habitá. E novela akí – meskos ku esnan na televishon – a dura hopi aña, maske ku e abusu a stòp masha ten. E akshon a finalisá pero a laga rasgonan i markanan atras ku nada ni niun hende no por a kita. Mi alma a keda marká pa semper.

Mi mayornan no tabata komprendé dikon un mucha ku semper tabata drumi den su kamber i riba su kama, awor kontinuamente tabata buska e kama matrimonial pa drumi riba dje. Tur anochi mi tabata lanta for di mi kama i pidi mi mayornan pa mi drumi serka nan. Meimei di nan. Ta un adolesente mi tabata. Ki mishi mi ke drumi serka mi mayornan? Niun ten mi no tabata tin e nesesidat ei. Mi tabatin edat di un hobensita ku tabata bai sali i tin mi promé frei.

Mi tabata bai skol sekundario i tabata papia i aktua meskos ku tur otro hóben. Pero mi no por a drumi mi so mas. E lus di den e pasio ku tabata pasa bou di mi porta pa trese trankilidat i lus den mi bida, tabata lusa awor mi sushedat. E tabata tira lus riba mi heridanan ku ami no tabata por, ni kier a mira.

Tur kaminda tabatin heridanan habrí, ku ta morde...morde i hasi masha doló tur dia i tur ora. Bèrgwensa di ken lo por wak nan a tuma kontròl di mi pensamentunan. Miedu pa hende mira mi. Ami! Ami, yu di mi mayornan ku tin státus i apresio. Ami...ami ku ta siña bon na skol i ku ta lif, kaloroso, sosial i kasi familiar. Ami ku tabata kana ku un smail grandi riba mi kara i ku kier a yuda hende so. Ami, Shana! E negrita tantu bunita, manera nan tabata yama mi. E negrita ku karakterístikanan di Indjan i ku wowonan semi chikí. Ami ku tabata stima Dios ku tur loke tabata den mi. E lei di inkonsekuensia a skohe ami i a laga mi sa; "pakiko un otro si i abo nò?"

Pero kon mi por a papia e bèrdat? Kon mi por a mustra kiko mi a bira, kon pa konta kiko a pasa mi...no un bia...ma hopi bia. Mihó mi no papia ni bisa nada. Niun hende lo no kere mi tòg. Aworó hende lo bisa ku ta mi mes a buska òf bisa mi ku no ta nada partikular.

Nan lo bagatelisá loke a pasa i lo mi sinti mi pió. Mihó mi keda ketu i laga bai numa. Mi tabata pasando den algu ku mi no tabata sa kiko pa hasi ni kon pa dil kuné. E tabata sinti robes, malu, dushi i fis, tur na e mesun momento. Dushi pasobra mi kurpa tabata reakshoná riba e fulamentu. Físikamente e tabata sinti tin bia kómodo, normal i literalmente familiar. Esaki tabata hasi e situashon solamente mas difísil pasobra tur kos tabata konfuso.

Kon un kos asina malu por laga mi kurpa sinti dushi i kon algu ku normalmente ta pasa di un manera sano i dushi por ta asina fis, malu i desastroso? Kon algu ku bo mester pasa aden ku bo frei òf pareha, ta pasa ku bo primu? I kon bo primu, kende ta bo famia i mester protehá bo, awor ta abuzá di bo? Ki apnormal esei ta! Ki lokura! Devastadó!

Mi no tabata sa si ta ami ta loko òf ta kos normal i parti di bida e tabata. Den kua hòki mi mester a hink'é den mi mente? Pero mi mester a lanta si tur dia i sigui ku mi bida manera kos ku nada no tabata pasando.

Mi mama, sabí manera e ta, sí a ripará ku kos no tabata manera mester ta ku mi. Ora mi tabatin diesocho aña, sigur mas ku sinku aña despues ku e aktonan seksual a stòp di tuma lugá, el a disidí ku a yega tempu pa mi bai un sikólogo. E tempu ei no tabatin abusu mas, pero e daño sí a krese tur aña mas i mas. Riba mi mes i sin yudansa mi no por a sali afó. Na mes momento, e echo di bai serka un sikólogo tabata un tabú, manera ainda e ta pa hopi hende. Hende no mester sa ku un hende ta bai un sikólogo pasobra si nan sa, di antemano nan lo pensa ku e hende ei ta loko i no ta normal.

Den un komunidat chikitu algu asina ta kore mas lihé ku kualke biná. Tabatin tambe e riesgo ku riba e heridanan ku mi tabata kana kuné kaba, awor hende lo por a hinka dede den nan. Komo hóben di diesocho aña awor kabando skol, mi no por a dil ku e manera ku mi tabata sinti mi di paden mas. Pero den bista di otronan mi tabata drùk, hala atenshon, mandona i esun ku ta un bon amiga pa tur otro. Pretendiendo ku mi no falta nada i oprimiendo mi realidat interior, asina mi a sigui biba.

Mi no tabata sinti mi, mi mes mas. Mi tabata sinti mi un ken ku ta. Di tur manera mi a purba riba mi mes di sana mi mes, òf mihó bisá purba di yena mi mes. Mi a bira un mucha muhé ku kontinuamente tabata buska algu pa yena e bashí, pa fria e doló. Mi tabata ke pa hende mira mi i rekonosé mi pa ken mi ta i no pa kiko a pasa ku mi, ni pa loke mi a bira.

Niun hende no tabata mira ni ripará kiko tabata pasando ku mi di bèrdat. Mi tabata kore i pusta den outo, koriendo duru, maha ku mucha hòmber, bebe, huma i biba di tal forma ku kosnan lo kaba fatal. Mi tabata sali i yega kas te mardugá i drumi su siguiente dia te dos or di atardi. Hóbennan normalmente ta gusta drumi pero ami tabata hasié pa un otro motibu. Mi tabata ke destruí mi mes ya mi no tabatin mester di biba ku mi mes. Mi a sinti mi di splet na dos pida.

Un parti den mi tabata ke sa ta ken mi ta di bèrdat, maske mi no tabata sa mes ken mi ta. E parti ei tabata bringa kontinuamente ku e hende ku tabata ke destruí e hende ku mi tabata realmente promé ku e akto. Tabata manera un "kandela" a kimá mi.

Ora mi mama a hiba mi e sikólogo pa promé bes, mi a drenta mi so.

E sikólogo tabata un hende muhé mas yòn ku mi mama i kisas dies aña mas grandi ku mi. Mi ta kalkulá ku e tabata mesun grandi ku mi ruman muhé. E tabata kòrtiku i su aparensia a fasiná mi. Mi a sinti manera kos ku mi a yega serka un hende ku mi por papia kuné sin ku e lo husgá mi. E no tabata konosé nos niun i esaki tabata su trabou. El a sigurá mi ku kiko ku nos papia ta keda entre nos. Esun bia ei a bira e promé sekshon di tur e sekshonnan ku a sigui te awe den mi bida, pasobra mi a sigui bai serka dje e añanan ku a sigui. I sin sa el a planta e promé simia den mi pa loke mi ker a studia despues den bida.

Kon bo ta konta algu ku tin dies aña derá den bo interior? Kon bo ta saka algu ku bo tin skondí leu ayá? Kon bo ta laga brota bin ariba loke ta te den fondo aya? Kon bo ta saka algu ku ta asina profundo, ku ta duna bo asko di bo mes? Kon bo ta hasi traishoná bo mes famia? Poniendo bo fundamentu riba un podio, un plataforma serka un hende straño. Nos tin un dicho ta bisa ku bo no ta "kologá paña sushi pafó pa hende mira". Bo no ta mustra "kil di bo karson djabou". Inisialmente usá den forma figuradamente pero den e kaso akí, den mi kaso, e tabata literalmente tambe.

Kon bo ta hasi pone bo mes i otronan na bèrgwensa? Kon bo ta hasi desmaskará henter e situashon. Pasobra ta yega un momento den un hende su bida ku e no por i no ke tapa kos mas. E mes lo eksplotá si e no papia ku un hende di konfiansa! Na final di dia tur loke ta tapá un dia ta revelá su mes di un manera òf otro. Mi no tabata por mas i pa mantené mi sanidat keda ketu no tabata opshon mas. Mi mes no por a dil mas ku e situashon i mi tabata ke yudansa. Mihó bisá, mi tabatin mester di yudansa urgente. E heridanan a krea pus ku mi tabata skupi manera hal riba mi mes i riba otronan ku mi tabata den kontakto kuné. E tabata afektá mi forma di pensa tokante di mi mes i di otronan. Mi a disidí sin sa ki ora, ku mi ta papia… papia tur kos.

A lo ménos trese dilanti i ekspresá loke ku mi tabata kòrda pasobra mi a suprimí e aktonan i asina mi a lubidá hopi kos. E sikólogo a bisa mi ku lo ta bon pa mi kompartí tur loke a sosodé ku mi mayornan. I asina ku mi diesnuebe aña di edat sintá na mesa, despues di a invitá mi mayornan pa un kòmbersashon, mi a konta mi mama i mi tata. Nos tabata sintá na mesa di komedor. Mi tata na kabes di e mesa i mi mama na su man drechi. Sintá banda di mi mama, mi a baha mi kabes di bèrgwensa i miedu, mi a kuminsá papia. Lágrima a sali fo'i profundidat di mi alma i a basha manera un riu for di mi wowonan.

"Awa promé...sobrá ta bin despues."

Un doló inmenso i tristesa profundo a tuma su lugá i sintá riba stul di mi alma poniendo mi lepnan trel. Mi garganta ta dal sera i na mes momento mi barika ta kue kram. Mi pianan no por a stòp di tembla i mi ta sinti mi ta pèrdè rosea. Mi mannan ta friu. Lágrima ku pa hopi tempu a keda wardá, awor a sali manera un dam ku a kibra. Nan a bin afó i sensurando algun kos pa protehá mi mes, protehá mi primu i protehá nan, mi a papia. Pa despues di tur e esfuerso ku mi a hasi, mi mama kuminsá yora i puntra mi si no ta kos di mucha nos a hasi, kabando ku un pregunta: "Bo ke pa mi papia esaki ku bo primu òf ku famia?"

"Ku mi primu òf famia?" Di mes mi kontesta tabata un NO. Despues mi tata ta indiká, trankil manera semper e tabata, ku ta asina hende ta habri nan kas pa yuda otro pa bin resultá ku nan ta hasi abuzu di e konfiansa ei. Fin di kòmbersashon! Nunka mas mi mayornan no a trese e tópiko akí dilanti. Mi no tabata sa si mi mester tabata kontentu òf tristu ku e resultado. Di un banda mi tabata ke pa nan a defendé mi i tuma vengansa pa mi. Di otro banda mi tabata kontentu tòg ku tur kos a keda meskos.

Pa hopi tempu mi a tuma nan na malu pa esaki. Loke mi no a spera– despues di tantu esfuerso i kurashi di mi parti – a pasa. Mi a sinti ku nan no a tuma e kos na serio i a lagá mi na kaya, maske ku pa nan esei tabata e manera pa protehá mi, pasobra ta ami mes a bisa nan ku mi no ke pa nan hasi nada ku e informashon. Ami, ingenuo manera semper.

E relashon entre nan i mi primu, e relashon entre mi primu i nos famia, e relashon entre mi primu i nos amigunan a keda meskos. No a keda mi nada otro ku biba ku esaki numa, manera kos ku nada no a pasa, pa e añanan ku a sigui.

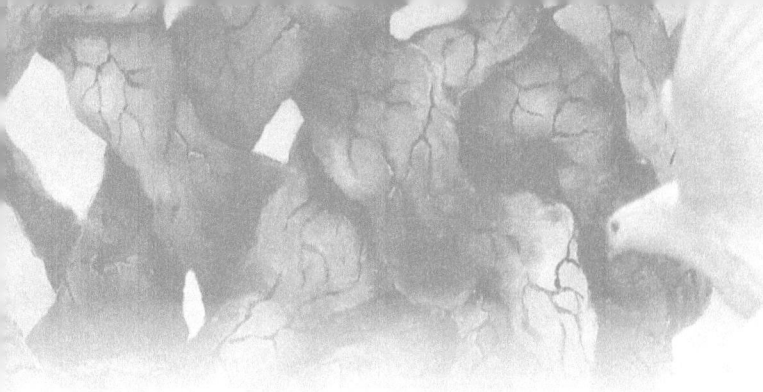

MI TA KLA

Mi alma a yega suela i un inmenso silensio
Ta loke a keda
Den e silensio ei mi ta reflehá i reflehando
mi ta realisá
Ku mi tin ku laga lòs
Pa motibu dje krenchi forsa ku tei ainda
I esun úniko rayo di lus ku ketu bai ta bria
Mi no por sigui tene mas
Mi mester aseptá e realidat
Mi ta habri mi mannan i laga bai
I mes ora e karga inmenso
Ku tabata riba mi lomba ta kai
Mi por hala rosea atrobe
I ta eksperensiá un freskura, manera ora
awa a kaba di yobe

Leu aya ainda mi ta detektá mi doló
Pero mi kurason i mente ta kla pa aseptá
Ku apesar di mi pèrdida, mi ta kla pa
kontinuá
Stap pa stap lo mi lanta bèk
I maske debes enkuando mi tambaliá
Esun ku tin mi man tene lo no laga mi
brongosá
Mi por len riba djE
Pasobra t'E mes a primintí
Ku lo E karga mi te den mi behes
Ata m'a haña e yabi! Si, ta E ta mi yabi
Esun ku a entregá tur kos pa E por a salba
mi.

4. SOBRÁ TA BIN DESPUES

Bida a sigui i mi a silensiá e pasado. Mi a sigui desaroyá i e mucha a bira muhé. Mi a studia, sali, okupá mi mes ku mi hòbinan, sali ku mucha hòmber i hui. Hui for di Kòrsou, hui for di mi famianan, hui fo'i tur hende ku ta laga mi kòrda mi pasado. Mi no a realisá ku na e momento ku mi a hui, ku mi maleta tabata yená ku mi propio novela, mi tristesa, mi emoshonnan marká i e holó di kimá.

Mi ta hui, pero sin ku mi por a skonde pa mi bèrdat òf pa e realidat.

Kada enkuentro familiar ta rekordá mi di e pesadia i ku mi no por trese problema den famia dor di konta e loke ku a pasa.

E skondementu den brasanan di frei i pretendé ku mi no tin pasado a logra. Solamente mi no a realisá ku riba un dia mi pasado lo trese na mi memoria kosnan ku mi a preferá di lubidá. Satisfasé e bashí a funshoná pa un ratu; e nesesidat di ta yen a keda. No ta asina ku mester yena loke ta bashí?! Kuesta loke kuesta. Asta si esaki ta nifiká pa yen'é ku kiko ku ta. Bida mes a pone un spil mi dilanti i bisa mi ku mi no ta atendiendo ku e heridanan òf mihó bisá ku e markanan di mi pasado.

Mi manera di dil ku loke a pasa ta dor di hasi manera kos ku e no a pasa. Purba di lubidá e susesonan bibá. Sigui ku mi bida pretendiendo algu ku no ta. Ata mi a logra pa hopi tempu? Mi ta sigui ku mi bida i mi ta konosé e hòmber ku ta bira mi promé kasá. Mi a kont'é kiko a pasa mi den mi niñes i e tabata na altura ku mi no a dil ku tur kos. Mi a splik'é dikon mi ta baña i tin bia yora despues ku nos drumi ku otro.

Kada un momento di intimidat seksual mi tabata resultá despues den baño, abou na suela bou di ducha, pa e awa laba mi. Sintá den kabina di e ducha mi tabata yora. Tabata manera ku e awa ta kita e lodo di mi pasado pa un ratu. Mi lágrimanan tabata pèrdè den e awa ku ta limpia mi awor di pafó. Paden nada no ta kambia. E sushedat ku mi ta sinti di paden a keda meskos. Sinembargo el a aseptá mi manera mi ta i ami porfin tabata ku un hende ku sa kiko a pasa mi. Mi no tabatin mester di skonde nada p'e. Esaki a bai hopi bon pa un largu tempu, pero e no a trese trankilidat interno pa mi. Ami no a pordoná ni aseptá mi mes.

Na 1996, ami ku mi pareha, Menno, ku ta tata di mi yu ku na e momento ei tabatin un aña a bai biba na Hulanda. Einan nos a kasa. Nos bida a haña un trankilidat i e manera di biba a kuminsá duna mi satisfakshon. Mi tabata kontentu ku loke nos tabata logrando; un kaminda di biba, nos promé trabou i e pasonan ku mi a kuminsá dal pa bai studia bèk. Mi no tabatin mester di bai niun aktividat òf fiesta di famia ni topa niun hende di mi famia. Mi kasá su famianan a bira mi famia i asina tabata bon.

Mi a sera amistatnan nobo i a rondoná mi mes ku hendenan ku no sa nada di mi pasado. Mi tabata sinti mi konfortabel den mi kurpa pasobra mi a "lubidá". E bañamentu i uso di awa kontinuamente pa laba mi man i baña mi kurpa si a sigui normal. Pero awor mi no tabata pensa masha mas. Esaki a bira un parti di mi ku a bira un rutina pa mi. Nada otro for di kustumber. Mi kasá i mi yu ta yena mi bida sufisiente.

"Alles went"... manera nan ta bisa na Hulandes. Mi a haña un manera pa dil ku mi situashon i mi a gust'é. Tantu na kas, den mi bida pèrsonal komo sosial, komo boluntario, den mi trabou i karera mi enfoke tabata riba; e otro. Kuida e otro, tin atenshon pa e otro, dediká i komprometé mi mes ku e otro ya mi no mester atendé ku mi mes. Yenando asina e bashí di e mucha heridá di mi hubentut. Pasobra kòrda...duna ta mihó ku risibí! Ta esei mi mayornan a siña mi dor di hinka mi primu den kas. Ami a kombertí den e lus ku tabata drenta den e kamber for di e pasio, pa otronan. Esun ku ta yuda, esun ku ta duna, esun ku ta lusa pafó kaminda den mi mes paden tin un kamber ku a keda sukú. Bida tabata bon i mi ker a ten'é asina. Pakiko lanta loke ta drumí fo'i soño?

Bida tin un manera di revelá su mes, ku tin ora e ta laga bo keda babuká. Na aña 2000, Menno, ami i nos yu ta yega Kòrsou ku fakansi. Nos a bin ta hasi esaki tur aña. Ora e avion a aterisá mi kurpa a kue rel den un bon sentido. Manera e bientu a dal den mi kara mi a sinti e airu tropikal drenta mi nanishi. Mi a hala un rosea profundo. E kolónan briante ta karisiá mi wowonan ku a pasa henter wenter ta mira shinishi. Mi ta na kas.

Pero algu a pasa e fakansi ei ku tabata otro for di tur e otronan. Un dia koriendo den e bario di "Saliña", nos a pèrdè un tiki i a drenta un hanchi robes. Koriendo den e hanchi nos a dal den un kas den un kaya sin salida. Loke mi a mira a pone mi kurpa tembla. Stret mi dilanti, mi ta mira un palu ku ta parse esun ku tabata símbolo di mi hubentut. E palu di tempu ku mi tabata mucha, e palu di mi inosensia. E palu kaminda mi tabata biba mi dushi bida. E palu di flamboyan; orguyoso pará! Grandi ku brasanan fuerte pa karga mi, pero awor ku henter mi ekipahe di pasado. E palu ku mi a slenger den dje i a sinta oranan. E holó ta pasa un bia mas bou di mi nanishi i ta habri tur mi sentidonan.

Mi ta dirigí mi mes bèk na e tempu dushi ei i hasiendo esei tur kos a bin bèk. Mi no ta solamente bèk den e tempunan dushi sin nada di kòrda, no solamente bèk ta tende mi yaya su stèm resoná den mi orea pero tambe bèk...bèk den e kamber, bèk drumí abou, bèk ta sinti su peso riba mi, bèk kaminda mi lenga ta pruf e smak marga.

Di nobo mi ta pruf i hole rasgonan di mi heridanan ku a bini dor di e kandela di e eksperensia di pasado ku ta bolbe kimá mi bèk, manera e kemadura di mi pasado. Den un fregá di wowo mi ta bèk den e kamber, drumí abou. Mi sentidonan ta riba skèrpi...mi ta hasi loke ta ferwagt òf kustumbrá di mi i mi ta mira e lus...bou di porta...pero niun hende no ta biniendo. Mi ta bèk kaminda mi tabata tantu aña pasá. Konsumí dor di e kandela pero no e kandela ku ta purifiká i santifiká. Al kontrario!

E mesun kartanan ta riba mesa, kua di nan mi ta bai hunga. Kiko mi ta bai hasi awor ku tur kos ta bin ariba atrobe? Mi ta bolbe pusha e pensamentunan i e sintimentunan un banda òf mi ta enfrentá e situashon awor si i dil kuné pa kaba. Mi a papia ku mi kasá tokante di esaki atrobe solamente e bia akí mas profundo ku promé. Detayenan mi ta konta awor, delaster un di nan ku ta yena mi ku bèrgwensa.

Mi ta rebibá e momentonan i ta haña gana di saka. Mi stoma ta trèk i mi tin gana di ranka mi mondongo bini afó kuné. Esta un bèrgwensa mi ta grita den mi mes. Esta un asko. Un fiserei. Mare mi por muri!

Mi ta konta mi kasá kiko a pasa dor di mi, ora mi a mira e palu di flamboyan. Su wowonan ta yena ku awa, e ta para e outo. Nos ta papia i mi ta disidí ku mi ke enfrentá mi primu.

Di mi mama mi a bin komprendé ku mi primu su kasá a haña un yu mas. E bia akí un yu muhé. Mi promé pensamentu tabata ku awor ku e tin un yu muhé, kisas e lo realisá kiko el a hasi ku yu muhé di otro hende.

Nos ta bai hasi bishita pa konosé e beibi ku apénas tin un par di siman. Ami, mi kasá i nos yu ta bai. Sintá den outo mi ta wak den e spil dilanti i mi ta mira mi yu muhé patras den outo. E ta kantando i hungando ku su Barbi. E ta smail i ta baila riba su propio kantika. Bientu ta pasa dor di su kabei i nèt na tempu e ta kita un par di kabei ku ke drenta su wowo. Su wowonan ta topa esnan di mi den e spil. Esta un inosensia. E no tin ni un idea kiko ta tras di e bishita ku nos ta bai hasi. I ami; ami ta mira mi mes den dje.

Ku pasonan firme mi ta kana bai direkshon di e porta prinsipal. Mi ta sinti e man di mi kasá den mi lomba. Mi kurason ta bati te den mi garganta. Bientu ta supla den mi kara karisiando i sekando e awa ku ta yenando mi wowo. Mi ta limpia mi kara ku mi dedenan i seka nan na mi paña.

Kanando ta bai paden mi kurason a kuminsá bati masha duru mes. Mas serka nos yega di e porta di kas mas fuerte mi ta hala rosea. Mi mannan ta papa sodá. Nos ta drenta paden. Sin haña chèns di wak kiko tur tin den e kas nos ta sigui Carlos su pasonan. Awor mi ta sinti mi ta pèrdè rosea. Mi ta hogando.

Nos ta bai paden i ta kontemplá e bunitesa di su prinsesa. Nos no a keda largu. Ora nos a tuma despedida di otro mi a puntr'é si mi por papia kuné un ratu na porta di kurá.

Mi kasá ku tabata sa kaba kiko mi tabata pa bai hasi a tuma nos yu na su man i a drenta outo kuné pa warda mi. Mi a puntra mi primu si e ta kòrda kiko a pasa dia mi tabata chikitu. Mi a splik'é kuantu daño i doló e echonan a hasi mi. Kon e kosnan a forma mi i deformá mi, kon mi a bringa ku mi mes te asta pone ku mi no por tabatin un relashon íntimo i seksual sano ku mi kasá. Mi a bis'é ku mi ta pordon'é. Despues di a skucha mi pa basta ratu sin interumpí mi ni un bia, el a baha su kabes pa despues wak mi den mi kara i bisa mi ku e no a lubidá i ku tur dia den su bida e kosnan ei tabata pasa den su kabes. Ku e no ker a hasi mi daño i el a pidi mi pa mi pordon'é.

Mi a kontest'é i a bolbe bis'é ku mi ta pordon'é i ku mi ta spera ku e por disfrutá di su yu muhé i ta un bon tata p'e. Mi a dun'é un brasa i kana bai outo serka mi kasá i mi yu. Manera mi a drenta outo mi kasá a start e outo i kuminsá kore pa bai kas di mi mayornan. Hasiendo esei el a puntra mi: "Kon a bai?" I sin niun suspiro di palabra mi a grita yora. E riu di awa a sali for di e profundidat di mi barika. Mi a yora tur e yorá di tur e añanan. Mi a yora mi hubentut, mi a yora mi idealnan, mi prinsipionan, m'a yora mi rabia i duele di mi mes i di dje. Mi a yora tur e yoránan ku mi a hasi den baño. Mi a dal un gritu pa tur e añanan ku mi a keda ketu, ku mi a pretendé ku tur kos tabata oké.

Mi lágrimanan a laba e lodo di mi pasado, limpiando mi di pafó, pero e bia akí tambe di paden. Kitando e sushi for di mi kabei, mi kurpa, mi interior i librando mi di kulpabilidat, bèrgwensa, miedu, despresio i rabia. Hopi rabia pasobra mi no sa mi identidat. Mi a pèrdè mi imágen i dignidat propio. Kitando asina for di mi tur konfiansa den mi mes i den otro.

Loke mi a siña e tempu ei den iglesia di loke Dios a bisa i demostrá, mi a pone den práktika. E pordon lo hasi mi liber di bèrdat? En todo kaso mi a dal e promé stap dunando espasio i posibilidat pa sanashon kuminsá.

Tin ora mi ta deseá ku mi mayornan lo a reakshoná diferente. Mare nan tabata sa kon nan mester a dil i atendé ku e situashon. Mare nan a papia tokante di e tópiko i bai te den detaye di e asuntu. Lo tabata mihó si nan no a protehá mi i sinta papia ku mi primu i eksponé tur kos na famia. Mihó nan no a kalma mi. Mi a sinti mi manera un mucha chikitu ku nan ta bisa: "E kos a pasa, lanta ariba i bai hunga awor".

Protehá nos famia i mantené e lasonan familiar tambe ta importante. Pero a kosto di kiko? Nan tambe lo a puntra nan mes kon bin mi a bin konta nan despues di dies aña. Kiko presis nan lo mester a hasi despues di tantu aña asina? Bida a sigui... maske ku miedu, bèrgwensa i insiguridat a pone ku a tuma mi tantu tempu asina pa papia; maske ku tur e motibunan ei ta legítimo den mi bista, tòg mi a bin komprendé di nan banda tambe.

Komo mucha mi mayornan a siña mi dirèkt òf indirekto ku mi tin ku tende di esnan mas grandi ku mi. Mi ta di trein ku mi tin ku kome tur kos, asta e kosnan ku no ta dushi. Ta obligá mi i ferwagt ku mi ta hasi loke nan bisa mi sin pensa òf bisa muchu sino ta ònbeskòp mi ta. Mi ta kana yama hende straño 'tio' i 'tante'. Ke men mi primu mester sa mihó ku mi kiko e tabata hasiendo. Outomátikamente tur esakinan tambe ta hunga un ròl – konsiente òf inkonsientemente - den mantené e kosnan pa mi mes.

Kon mi tata a sintié? Su yu muhé a pasa den algu asina. Den su naturalesa komo hòmber e no por a protehá mi. Kulpabilidat a sosegá riba nos tur su skoudernan. Duna kontesta riba ken tin falta ta un pregunta sumamente difísil pa kontestá. Nos kada un a haña nos ta dil ku nos mes.

Despues di e suseso den e fakansi ei, e proseso di pordoná a kuminsá. Pero awor, kon un hende ta pordoná algu asina ei? Mi mester dal e stapnan pa pordoná mi primu pa su ignoransia i pordoná mi mes. Pa promé bes mi por a realisá ku no ta mi falta i ku mi no a hasi nada pa proboká esaki serka dje. Pordoná mi mes ku mi no a pidi yudansa promé i ku mi no a papia promé. Pordoná mi mes pa tur e momentonan ku den mi doló mi tabata hùrt otronan i buska satisfakshon seksual mi so ku mi so bou di ducha.

Pasobra al fin i al kabo e loke ku mi tabata detestá a bira parti di mi. Pordoná mi mes pa e rabia ku mi tabata sinti pa hòmber pretu en general. Pordoná mi mama i mi tata pasobra nan no tabata sa kiko nan mester a hasi ku loke mi a konta nan. Pordoná mi ruman muhé i mi ruman hòmber pasobra nan no por a yuda ku nan no tabata sa. Protehá mi ta bira imposibel e ora ei.

Enfrentá e echo ku mi tabata rabiá ku Dios pasobra den mi bista e no a intervení i skapá mi den mi ora di mester. Pa porfin pordoná mi mes pasobra mi a sinti asin'ei, asina tantu tempu. Pa despues di un proseso di hopi aña, yega na aseptashon di e sikatrisnan ku a keda tras despues ku e heridanan a bin sera.

Ma pordon no a bini mesora. E deseo pa pordoná si tabatei. A tuma mi hopi aña promé ku mi a sinti ku mi a pordoná mi mes i e hendenan envolví. Tabata un proseso ku tin bia tur dia mi mester a rekordá mi mes. Mi a sinti sí, ku e echo di duna pordon na otronan i na mi mes a hasi mi liber. El a lòs e kadenanan ku tabatin mi mará na e situashon. Esei a nifiká ku mi mester a bisa mi mes ku mi no tin falta. Ku tur kos ku a pasa mi, tin un motibu i un pakiko. Keda ku rabia i biba den e doló no a kambia loke a pasa, pero si a hasi mi katibu di loke a pasa. No bai bèk na ken mi ta di bèrdat - pa motibu di loke a pasa - a duna e situashon i tur loke a sosodé poder riba mi. Pordoná den mi bista – meskos ku hopi otro kos den nos bida - ta un eskoho. E no ta bai di mes. Sin yudansa di Dios lo e no tabata posibel pa mi. Mi no a skohe pa e kosnan ei pasa ku mi, pero ami ta skohe kon mi ke reakshoná riba loke a sosodé.

Mi mester a traha duru tur dia pa sigui trata e hendenan rondó di mi ku amor maske mi no tabatin gana. Mayoria bia mi tabatin gana di kai bèk den e ròl di víktima. Mayoria bia mi ker a kore bai bèk den e sintimentu ku ya pa hopi aña tabatin mi den su gara. Mi tabatin ku lanta tur dia di nobo i disidí ku mi ta skohe pa konfrontá e situashon. Esaki apesar di loke a pasa i keda sin pasa. Mi no por a para ketu mas na kiko kada hende a hasi òf keda sin hasi. Nos tur di un manera òf otro a kontribuí konsiente òf inkonsientemente. Mi mester a dil ku loke a pasa riba tur nivel; den mi pensamentu, ku mi sintimentunan, mi emoshonnan i den kada akshon, di e momento ei pa dilanti.

Aworakí ora mi wak bèk òf si un hende papia ku mi tokante di e tipo di abusunan seksual akí, mi tin kompashon i ta komprendé te den sierto grado kiko nan por a sinti òf ta pasando aden. Mi ta prepará pa skucha nan sin ku e doló di pasado ta bin ariba i sin ku mi ta proyektá mi situashon riba esun di nan. Mi mes por papia tokante di e tópiko sin ku mi ta yora òf ku mi ta rebibá tur kos di nobo. Ántes mi no tabata por drumi sin ku tin un lus di pafó ku ta lusa bini paden. Mi no tabata por a drumi na e banda di mi kama ku ta banda di e porta di kamber òf serka di un bentana. Mi tabatin miedu di ken lo drenta mi kamber. Pa hopi aña, asta komo adulto mi tabata drumi semper pegá ku muraya.

Esei tabata duna mi e sintimentu di ta protehá. Mi no tabata por tin intimidat sin kai den otro emoshonalmente despues. Mi no tabata por ta ku un hòmber di mi koló. Mi no tabata por a satisfasé mi pareha seksualmente dor di chupa su parti íntimo. Sèks tabata algu mahos i no bunita pa mi. Mi no tabata por a mira mi mes komo un muhé digno sino komo un muhé sushi. Mi imágen propio i mi balor propio tabata kompletamente abou i tabata stroba mi konfiansa propio. Mi a para bira e tempu ei un muhé ku tabata fihá riba e nesesidat di otronan i riba mi karera, kaminda paden mi no tabata mira mi mes komo un hende ku derechi di eksistensia. Tur esakinan – despues di por lo ménos trinta aña – awor ta un sikatris. Algu ku a pone un marka riba mi kueru i no den mi interior mas. Eseinan ta saná. Restourá! Nan a bira un tópiko den mi bida i no mi historia kompleto.

Tur loke ku mi tabata hasi pa sobrebibí mi no ta hasi mas pasobra awor mi ta biba. Awor mi ta usa loke a pasa komo un arma pa forma, edifiká, konsehá, skucha otronan i rekonstruí di nobo. I mi a bin realisá awor, ku tur loke mi a biba, ta un arma poderoso! Esei ta ora bo kue netamente e loke ku a bini pa destruí bo i bo ta usa e kos ei mes, pero awor pa bon. Pa mi e no ta tabú mas. Mi no ta e promé ni delaster ku a pasa den e tipo di eksperensianan akí, pero kon nos kada un ta sali for di dje ta hasi e diferensia eventualmente. Si!! E ta difísil...pero nò! E no ta imposibel. Mi ta bèk na un imágen positivo di mi mes. Mi a rekuperá mi konfiansa propio. E markanan ku a keda tras ta di mi nan ta. Nan a kontribuí na ken mi ta awe. Lo mi no tabata por ta e hende ku mi ta awor, sin nan. Pues, mi a disidí ku mi ta brasa loke nan ta representá. Ami!

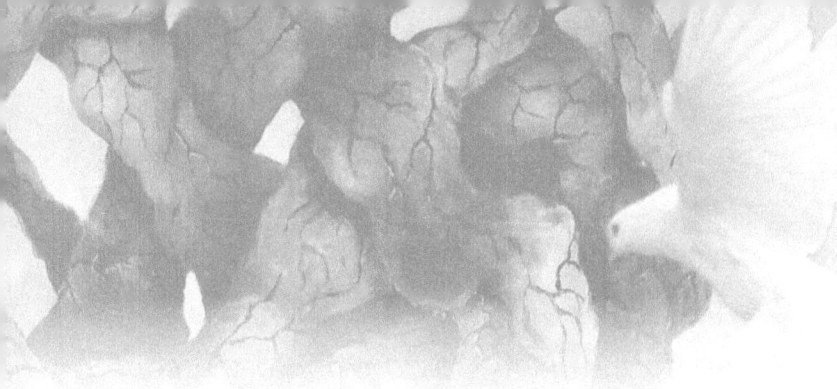

BO LUGÁ

Ora bo sinti bo kansá i fadá
Ora bo sinti bo molestiá
Ora bo sinti bo rabiá i bo no sa kon pa
ekspresá
Ora bo ta desepshoná
Bo goso a wòrdu hòrtá
Bo pas a disparsé i bo no sa unda pa kue
Mi ke enkurashá bo pa no desesperá
Mi ta konsehá bo un tremendo lugá
E pasashi ta pòrnada
Bo no tin mester di paga, simplemente
presentá i lo bo wòrdu transformá
Bo estadia no tin límite. Bo por keda kuantu
ku bo ke
Oké, bo ta kla? Pasó bo biahe tei kuminsá

Aha, bo ke sa nòmber dje lugá
Su nòmber ta: "E brasanan di bo Señor".
Einan tin masha hopi amor
Pas na abundansia, goso k'un ta kaba
Konsuelo i pordon lo ta bo alimentashon
Lo no dura muchu i lo bo risibí forsa renobá
P'asina bo ta kla pa por enfrentá
Tur loke riba bo kaminda presentá
Awor si bo ta kla?
Oké, lag'e biahe kuminsá!

5. IDENTIDAT

No ta fásil pa lanta i krese kaminda bo ta eksperensiá ku hende ta hasi distinshon di persona a base di koló, kabei, fam, bario, kua skol bo ta bai i posishon finansiero. Hopi bia nos mes ta trata personanan ku fam manera Perreira, Diaz, van de...òf van der... diferente for di personanan ku nan fam ta Zimmerman òf Cijntje.

Nos ta papia di 'bon kabei' i 'mal kabei'. E hóbennan ku nos ta yama blanku aki pasobra nan koló ta mas kla òf nan kabei ta mas fini, na Hulanda ta yama nan alóktono i ta kompará nan ku Turko òf Marokano. Loke mi a bin realisá mas despues tabata ku na Hulanda tambe mi a haña mi ta dil ku distinshon i diskriminashon entre blanku i pretu, koló kla i koló skur, kabei duru i fini, fam di status òf nò; nan a hunga un ròl. Mi tabatin tur sorto di amistat ku no tabata mará na nada spesífiko, pero ora mi wak bèk berdaderamente tabatin grupitonan di portugues, hulandes europeo, yu di Kòrsou pretu i yu di Kòrsou di "bon" famia (ku sèn) yu di Kòrsou pretu, ku kier sa ku e ta blanku; pues e "makamba pretu". Tin tambe e grupo di personanan ku nos tabata yama..."kaffers". Algu tristu pero bèrdat.

Nos tabata e yu di Kòrsou pretu kabei duru ku fam di nos orígen ku ta Wèspùnt, ku a nase i biba na 'Mahaai'. Den un kas grandi ku mayornan ku bon trabou i ku tabatin sèn. Nos tabata bai un skol di hende "blanku" i nos a pasa bon! Ta bon memoria so mi tin di e skol ei. Dushi tempu! Dosentenan dediká i pashoná ku nan trabou.

Mi mayornan tabata ke un bon skol pa nos i p'esei nan a manda nos skol básiko i skol avansá na Albert Schweitzer College. E skol akí tambe tabata kai bou di e bon skolnan e tempu ei. Einan tabata bai hopi mucha blanku, muchanan koló habrí i muchanan koló skur ku nan mayornan tabata skohe pa pone nan na un bon skol. Pa mi por a bai Albert Schweitzer College, mi mester tabata biba den e region ku e skol tabata situá òf mi mester tabata protestant. Nos no tabata niun di dos. Nos tabata biba na 'Mahaai' i nos tabata Katóliko, pero ta e skol ei nos a bai. Nos tabata masha orguyoso pasobra ta un bon skol nos tabata bai. Kisas nos lo tabatin un padrino òf madrina un kaminda...

Ora mi a kaba Albert Schweitzer Collega mi a bai Hulanda. Tabata e temporada ku enseñansa tabata pasa dor di kambionan. Diripiente tabatin masha problema den enseñansa i esei a hasi mi mayornan poko preokupá pa mi desaroyo na Kòrsou. Mi tabata gusta siña i nan no ker a pone mi enseñansa na peliger. Ami na mi turno no por a warda pa bai fo'i Kòrsou. Asina a bin sosodé ku na un edat muchu yòn, di diesseis aña, mi a bai Hulanda serka un famia hulandes europeo kendenan tabata amigunan di mi mayornan.

Pa por komprendé di unda mi a bin resultá den mi relashon, ta importante pa bo komprendé di unda mi a bini. Ku mi diesseis aña mi tabata den mi pubertat i na e momento krusial den mi bida, kaminda mi tabata luchando pa sa ken mi ta i buskando mi identidat, mi a bai Hulanda pa sigui studia. Leu for di mi mayornan pa promé bia. Mi a bai biba serka un famia hulandes ku tabata biba den un pueblo, kaminda den e tempu ei, ta ún famia Chines so tabata e úniko personanan alóktono ku tabata biba den henter e pueblo ei. Nan tabatin e úniko restorant Chines den e pueblo. No tabatin hende koló skur. E kultura einan tabata kompletamente otro for di esun di nos na Kòrsou.

Ainda mi ta kòrda kon ora mi tabata kana pasa den e kaya prinsipal, mi tabata mira kon e hendenan tabata wak mi for di patras di nan matanan di geranio, skondí pa mi no mira nan. No tabatin niun hende koló brùin ku kabei krùl einan. No papia mes di hende koló skur ku kabei "duru".

Chines mes tabata pretu sufisiente pa nan. Den e tempu ei ku studiantenan tabata bai biba Hulanda pa bai studia den statnan grandi manera Rotterdam, Amsterdam, Den Haag i Tilburg mes, mi a yega di tende ku den trein muchanan hulandes tabata puntra si e koló pretu ta kita. Kòrda aki kaminda mi tabata biba, un pueblo ku yama 'Mijnsheerenland' ku ta keda na 'Hoeksche Waard' banda di Rotterdam.

Mi ta kòrda ku ei mi a eksperensiá 'hagel' pa promé bia; mi a kere ku muchanan tabata tira eis riba mi. Einan un dia den bùs, un mucha ku tabata sinta banda di mi a puntra mi si mi kueru ta smak chukulati. Na skol nan a yega di puntra mi – despues ku un dia promé mi kabei tabata kòrtiku i mi a laga un yu di Kòrsou hinka flèktu largu nèp den mi kabei i a bai skol su siguiente dia ku kabei largu - kiko mi ta hasi ku mi kabei ku e ta krese lihé asina.

Mi a biba un aña serka e famia akí, despues mi no por a soportá e heimwé. E tempu ei ta bèl so bo por a bèl – mas o ménos un pa dos bia pa siman – pasobra esei tabata bon karu. Ora mi haña mi mamanan na telefòn nos tabata grita masha pisá na telefòn manera kos ku nos no ta tende otro dor di e distansia. Esun aña ei – den mi desaroyo - tabata sufisiente pa mi brua kompletamente den sierto sentido. Mi a tuma masha hopi kos over for di mi famia hulandes. Kustumbernan di bario i kustumbernan europeo. Den sierto sentido tabata e manera di pensa, bisti, papia i aktua. Na Hulanda nan tabata haña esei 'great' pasobra mi a adaptá lihé, ma ora mi a regresá Kòrsou esei no a kai na agrado di mi hendenan ni di esnan rondó di mi.

Mi a regresá Kòrsou mesun pretu kabei duru, pero ku un mentalidat blanku. Mi manera di bisti i di aktua tabata tabata manera e hendenan blanku. Ora mi a kuminsá mi estudio bèk aki na MIL, nan tabata tenta mi 'zwarte makamba' òf kuki oreo. Ta un grupo sumamente chikí a aseptá mi.

Un dosente e tempu ei a yega di saka mi for di klas pasobra mi a hasi un pregunta ku no tabata apropiá pa hasi un dosente e tempu ei. Kaminda na Hulanda nan tabata keda bisa mi pa mi habri mi boka i hasi preguntanan krítiko. Mi a bai Hulanda un manera i mi a bini Kòrsou un otro manera.

E yu di Kòrsou no tabata aseptá mi hopi bia. E mucha hòmber yu di Kòrsou tampoko no tabata aseptá mi manera mi ta. E "makamba" ku e tempu ei tabata interesá den mucha muhé hóben Karibense si tabata gusta mi. Aparensia Karibense, ku ta pensa manera e personanan di oksidente i ta papia hulandes vlòt.

Semper mi a soña ku un dia lo mi topa e prínsipe ku lo hasi mi su prinsesa. For di chikí, lesando kuentanan di ada, mi tabata fasiná i atraé ku tur loke tin di hasi ku amor. Tambe ku tur loke mi tabata sinti i mira, miéntras mi tabata lesa òf wak televishon. E historianan di amor ei tabata yena mi ku speransa pa un futuro briante. Ken no konosé e sintimentu ei den bo barika ku ta pone bo kurason bati mas duru? Sanger ta kuminsá kore ku velosidat haltu den bo kurpa. Tin bia kompañá ku un sensashon friu òf kayente; den tur dos kaso, mi mannan tabata kuminsá soda.

Amor riba su mes i amor pa un hende hòmber ta algu normal i natural pa mi. Mi a lanta den un famia kaminda mi tata i mama, den mi bista, tabata felismente kasá. Esei tabata algu ku mi a eksperensiá komo un bendishon. Ami tabata asina ansioso pa e momento yega ku mi por kompartí mi bida ku mi pareha. E ansiedat ku mi tabatin den mi pa e dia yega, pa asina mi mes por biba e kuenta di ada ei, a pone ku tabatin momento den mi bida ku mi tabata muchu lihé pa enkontrá e prínsipe ku ta pas ku mi.

Tur relashon di pareha ku mi tabatin, mi a pensa ku e persona akí si lo bira mi kasá. E relashonnan no tabata bira algu, pasobra mi no tabatin pasenshi. Mi tabata kana mas purá ku e otro persona, sin duna e relashonnan e tempu nesesario pa forma i bira algu stabil.

E preshon ku mi tabata pone riba mi mes i riba vários di e parehanan ku mi tabata kuné no tabata sano. Mi manera di trèk na e hende tabata chupa su energia i tabata basha abou loke nos a konstruí.

Mi a bin konosé e hòmber ku a bin bira mi kasá, ora ami tabatin diesnuebe aña i e tabatin diesocho. Mi no a pensa mes ku nos lo a bira frei di otro. Mi no gusta hòmber mas yòn ku mi. Tampoko mas kòrtiku ku mi. I e mucha hòmber aki tabata tur dos. Mi a konos'é tempu ku mi tabata manehá un büró pa modelonan ku tabata yama 'Go Diva'. Mi no tabata hasié tempu kompleto ma dor di mi eksperensia ku pasarela i baile, mi tabata trein e modelonan i hasi koreografia. E hòmber akí tabata un di e modelonan. Nos tabata praktiká den wikènt.

E tabata frei un mucha muhé ku personalmente mi tabata haña ku tabata pars'é. Na mi pareser nan tabata pas perfektamente pa otro. E no tabatin mi interes i mi tampoko no tabatin su interes. Un hòmber kurpa atlétiko ku un estatura ku por tabata un dos centimeter mas kòrtiku ku mi. Su kabei tabata largu ku krùlnan grandi ku tabata kai manera olanan pasa su skoudernan i kai te riba su lomba muskuloso. Su wowonan tabata maron manera 'hazel' ku pupilanan grandi i misterioso. Su koló di kurpa tabata pas ku su wowonan. Ora solo kim'é su kueru bronsiá tabata lombra manera koper ku leu aya un poko oro. Ku su nanishi di falki i su lepnan fini.

Ma loke a kapturá mi atenshon i a brua mi mente mes mes tabata ku su liña di kachete tabata manera esun di Brad Pitt. Su kabeinan tabata skur pero dor di e solo su drachinan a bira blònt. Su estilo tabata mas manera un sùrfdó, maske e no tabata sùrf. Su bida tabata laman i despues el a haña sa ku su pashon tabata traha ku bestianan di laman. Su aparensia tabata un kombinashon di un hòmber blanku i un indones. Pa ta hopi spesífiko e ta 75% europeo hulandes i 25% indones. Su tata tabata hulandes europeo blanku ku raisnan aleman i sueko. Su mama tabata mitar hulandes europeo blanku i mitar indones ku raisnan indones - chines. Nan a bin biba na Kòrsou pa algun aña.

Ami e temporada ei, un hóben negrita di diesnuebe aña, 1.78 m, ku bunita kurva i ku kabei krus, tabata konsiente ku ta un hòmber "blanku" tabata gusta mi. E tempu ei marinirnan tabata bini Kòrsou i nan tabata fasiná ku muhénan Karibense. Pero e tabata kai bou di un otro kategoria di hòmber. Su frei tabata meskos kuné; kabei krùl i koló kla.

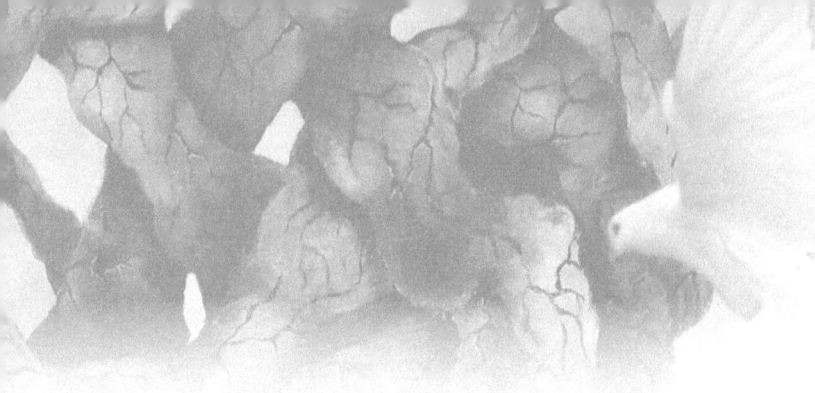

Awanan di wowo

Awanan di wowo....unda boso ta
Ya ta hopi tempu ku boso tin mi bandoná
Den tur huki, den tur skina mi ta buska
boso desesperá
Pero ta parse ku boso a hui i no por wòrdu
enkontrá
Ta manera ora un kranchi awa ta habri
Anto e slan tin un doblá
Si dura muchu mas
Mi kurason ta eksplotá
Mi boka no ke habri
Palabranan no ke sali
Ta boso ta mi úniko salida
Pa mi por ekspresá e loke den mi ta biba
O Señor mi Dios

Bin na mi yudansa

Mi a lesa den Bo Palabra

Ku kada aw'i wowo Bo ta fangu

Pasobra ta nan ta bisa Bo

Loke mi boka no por konta Bo

O Señor mi Dios

Bini na mi yudansa

Mi no ke mi alma desmayá

Promé na Bo mi konfesá

Pasó mi ke wòrdu liberá

Pa mi sanashon por tuma lugá.

6. ASEPTASHON?

Den mi búskeda pa sa ken mi ta, luchando ku mi identidat i e parti di aseptashon di mi mes, ami ku e mucha hòmber di bunita aparensia akí a sera ku otro. Nos tabata kombersá hopi ora nos topa na treinen.

Dor ku nos tabatin amistatnan komun nos tabata topa mas bia i asina nos a sera. E kos great ku mi tabata haña di e amistat akí tabata ku na mi pareser nos por tabata nos mes. Dor ku nos dos no tabatin niun ekspektativa, ami tabata haña ku nos tabata relahá, nos tabata nos mes, nos por a papia tur kos i disfrutá di otro.

El a konta mi ku e ku su frei a kibra i nos kada unu na nos manera tabata sostené otro den loke tabata importante pa nos na e momento ei. Nos tabata bishitá otro su kas regular. Su mayornan i rumannan tabata konosé mi i mi mayornan tambe tabata konos'é. Nos tabata sali hopi huntu, wak película, kore ront, bebe, hunga biar, huma, sinta te mardugá grandi kant'i awa òf riba seru kombersá tokante di nos mes i tokante di bida en general.

Asina nos a bira loke awendia nos ta yama BF's; 'Best friends'. Nos tabatin un relashon di konfiansa profundo. Tur kos nos tabata konta otro i pronto e situashon a bira, ku nos tabata huntu kontra tur otro kos i tur otro hende. Tur situashon ku a presentá nos tabata sostené i protehá otro.

Nos tabata asta buska frei pa otro i papia tokante di ki bida nos lo ke tin den futuro. E proyekto di modelahe na "Go Diva" a stòp i mi a bai traha temporalmente den e sektor di Horeca. Tabatin momentonan ku nos a traha den bar huntu i a biba un bida ideal...

Mi mama semper a bisa mi ku nunka mi mester frei mi mihó amigu. Mi a lanta ta tende esei di mi mama i su argumento tabata ku si e relashon no resultá bo ta pèrdè un bon amigu tambe, pasobra esei lo no bolbe. Yòn i kabesura manera mi tabata, mi a tende pero mi no a skucha di mi mama. Kisas nos a brua e amor ku nos tabatin pa otro komo amigu ku amor di pareha? Pero nos a resultá huntu!

Riba un anochi perfekto, despues ku nos a bai sali kome ku su famia, ora nos a bai sali un ratu, sin plania òf pensa el a sunchi mi i mi a kontestá su sunchi... determinando asina nos destino. Nos a hasi tur kos den velosidat haltu! Su mayornan no a aprobá e relashon i el a disidí ku e ta sali fo'i kas.

Ami ku a biba for di mi mayornan na Hulanda a haña ku mi por biba huntu kuné i bou di rebeldia di nos tur dos, nos a bai biba huntu sin e bendishon di nos mayornan. Pero na e momento ei nos no a realisá e profundidat di nos desishon, kiko e ta impliká i kon serio e desishon ei tabata. Nos tabata sinti nos liber i felis ku otro. Nos kontra nan...pasobra na final di dia nos tabata haña ku nos por a enfrentá tur kos huntu.

Mi ta kòrda ku henter e kos a bira un problema masha grandi. Su tata a laga mi sa ku mi no por parker mi outo den nan hanchi di kas ni bini na nan kas mas. El a indiká ku e no ke pa nos atendé ku otro. Esei a pusha su yu solamente mas leu, pasobra repentinamente, despues ku e tata a bini ku e reglanan ei, el a piki su pañanan i a baha bai.

Pero nos dos tabata hóben i naïf. Nos a bai un guera ku a resultá ku nos no por a gana. Apesar di tur kos i kontra tur hende nos a determiná e ora ei ku nada ni niun hende lo por kita nos fo'i otro. E mesun aña – e ku binti i ami ku bintiun aña – mi a sali na estado di dje. E tempu ei nos tabata keda serka un hòmber hulandes. Mi ta kòrda ku nos tabata den kamber tendiendo nos kantikanan preferí di e tempu ei di e banda "Gipsy Kings" e kantika ku tabata toka yama "Caminando Por la Calle, Yo Te Vi".

Drumí abou riba un matras ta frei "den e kayente di e momento" mi a bis'é: "Si nos drumi ku otro sin protekshon mi por sali na estado!" Manera nan ta bisa na Kòrsou, "speshi no ta hende", nos niun di dos no a bisa ni hasi nada otro i a hasié asina tòg...i despues di dos luna, ku mi no tabata sinti mi bon, mi a bin sa ku mi tabata na estado!

Nos a haña un yu muhé! Ta di imaginá ku ora mi a bisa mi mayornan i ku el a bisa su mayornan, e kos a kai manera un baño di awa friu riba nan. Mi mayornan a reakshoná ku e yu ta bonbiní i ku nan lo sostené mi tur ku tin. Na promé instante su mayornan asta a pensa ku e yu no ta di dje i e kosnan a empeorá den kuminsamentu di mi embaraso. Despues nan a aseptá i a biba ku e realidat tòg. Nos a bai biba serka mi mayornan i einan nos a kuminsá un bida nobo. Nos tabata kontentu ku nos ta bai haña un yu. Apesar ku mi a lanta den un famia kaminda mi tabatin tur kos i ku "yaya i kriá" tabata hasi tur kos, mi mama semper a laga mi komprendé ku hende muhé ta atendé i kuida su kas i esei ta netamente loke mi ker a hasi. Apesar di mi edat hóben mi tabata ke ta un bon muhé i un bon mama. Mi tabata kontentu ku mi tabata ei den mi bida. Kla pa para ketu i forma un famia.

Mi a 'dropout' for di HAVO 5 un par di aña promé i mi frei a kaba skol sekundario un dos aña promé. Nos tur dos tabata traha. E problemanan entre nos i su mayornan a plakia. Mi mayornan a sostené nos i nos a haña nos prinsesa; potrèt di su tata na beibi i e tabata e alegria i lus den nos kas. Ora mi a sali na estado mi a haña un urgensia profundo pa gara algu mas grandi i mas profundo den mi bida. E situashon ku nos tabata den dje no tabata fásil i e úniko kaminda ku mi tabata sa i tabata kere ku mi por bai pa tur loke mi mester; ta Dios.

Esei ta netamente loke mi a hasi. Mi a bai kas di Dios i a redediká mi bida na djE i tuma e desishon ku mi ke un bida ku ta reflehá esei. Un bida di fe i konfiansa den Dios. Ora nos yu a hasi un aña nos a bai biba Hulanda bèk. Nos no tabatin satisfakshon den nos bida. Nos niun di dos no a kaba skol. Nos tur dos tabata traha pa un salario mínimo i nos no tabata mira un futuro sólido a base di loke nos tabata hasi. Nos tur dos tabata ke mas, e deseo ei tabata kima den nos sigur awor ku nos tin un yu. Nos ker a dun'é e mihó di nos.

Mi frei su mayornan a bai biba Hulanda bèk kaba i nan a bisa nos ku si nos ke bini Hulanda pa studia, nan lo sostené nos. Esei nos a hasi. Nos a bai Hulanda i a start di nobo serka mi frei su wela ku tabata biba den kurason di Amsterdam. Nos plan tabata pa studia i traha pa sigurá nos mes i nos yu un mihó futuro.

Manera semper ta e kaso, na kuminsamentu tur kos tabata mustra bon. Pero pronto problema i opstákulonan a bin stroba nos soñonan. Ora nos a yega Hulanda, mesora mi a bai traha den e sektor di Horeca i mi frei tabata kue diferente djòp. Nos tabata biba serka su wela i ora nos tabata na trabou su wela i su mayornan tabata kuida nos yu. Nan a sostené nos den tur kos.

Biba ku henter un famia den kas di un hende no ta nada fásil. Iritashonnan a kuminsá i ami tabata e kulpabel. Kulturanan tabata dal kontra otro i masha lihé mi no tabata sinti mi na kas mas. I dicho echo!

Un wikènt ku mi a bai kumindá un amiga di mi, na momento ku mi tabata den trein biniendo Amsterdam bèk, mi frei a yama mi. Tabata pa el a bisa mi ku mi no por bini bèk kas. Su wela no ke mi den su kas! Mi a sinti un friu pasa dor di mi kurpa. Mi wowonan por a bula sali for di mi kara di rabia. Dikon e hendenan akí no ta stòp. Unda mi tin ku bai awó? Kiko mi a hasi atrobe? Mi a hinka mi uñanan den e stul ku mi tabata sintá riba dje. Mi ke grita pero mi no por. Mi ta hartá di e mesun situashonnan. Mi no tin derecho di eksistensia antó?

Te e dia di awe mi no sa kiko tabata e motibu ku a pone ku su wela a tuma un desishon asina abrupto i drástiko. E wela a indiká ku mi frei i nos yu so tin mag di keda. Pa di dos bia mi frei a para pa nos i disidí ku nos niun no por keda.

Tabata wenter bispu di Pasku 1996. Nos tabatin solamente kuater luna na Hulanda. Mi frei a pidi su mayornan keda ku nos yu un anochi miéntras ku nos ta buska un solushon, pasobra literalmente nos no tabata sa na unda nos lo mester keda. Su siguiente dia ora nos sa mas, nos lo a bai buska nos yu. Asina ei mi frei a buska mi na stashon di trein i Pasku a habri nos, sin pariba sin pabou.

Bientu friu di wenter tabata pika mi kara miéntras ku mi yas no tabata hasi su trabou. Unda nos lo bai? E plenchi ta yen

yen di hende ma tòg nos ta nos so. Mi ta wanta mi yorá aden pero mi kurason ta aselerá. Mi no sa si mi sigui sinti rabia riba nan òf duele di nos òf tur dos. Mi no por soportá e friu. Nos a wak otro profundo i mi ta mira e tristesa i desesperashon den su wowo. Pero djis pa un ratu mi no tabatin kunes. Nada no tabatin sentido. Mi ke tira falta, pero mi no sa mas riba ken. Ta ami a bai haña yu tòg?

Ata nos pará na Amsterdam CS. Nos tabata sinti nos manera den un mal soño. Mi no por a kere e kos akí. Kon nos ta bai sobrebibí? Nos no por bai Kòrsou, nos no tin lugá pa keda na Hulanda i na e momento ei – pa promé bes, e momento ei sin muchu palabra – nos tur dos a kuminsá tira falta riba otro. Sintimentunan di impotensia, inkompetensia, desapunto i rechaso a poderá di nos. Den mi bista un bia mas...ta nan mes a laga nos kai. Un bes mas!

Tabata algu pasá di diesdos or di mardugá, sintá na CS Amsterdam, den pleno wenter i riba e fiesta di Pasku! Kon lo mi por lubidá un suseso asina impaktante den mi bida? Mi tabata sa ku si mi a yama mi mayornan, nan lo a bisa mi: "Bini kas mi yu!" Nan lo a hasi tur loke tabata na nan alkanse pa regla tur loke nos tabatin mester pa nos yega kas bèk, pero mi no tabata ke.

Nos no tabata ke. Nos tabata kansá di hui, kansá di kore, kansá di lucha i pa kolmo sin bai dilanti. Nos no ker a duna nan niun mal notisia. Esei lo a nifiká ku nos a aseptá loke nos ta aden i esei nos no ker a hasi. Tira sèrbètè den rin, esei no ta un opshon.

E momento ei ma disidí di yama un amiga di mi – un 'eks' di mi ruman hòmber – pa wak si nos por pasa un anochi serka dje. Mi tabata sa ku e ta biba na 'Amsterdam Zuidoost'. Mesora el a habri porta di su kas i a bisa nos bini. E mes a bin buska nos na stashon i hiba nos su kas. Un bibienda di dos kamber, situá na di tres piso na 'Heesterveld'.

Su siguiente dia mi frei a bai buska nos yu trese serka nos i pa e lunanan ku a sigui nos a keda biba serka mi amiga. Pa sigur un aña mi no tabatin ningun kontakto ku mi frei su famianan. E huntu ku nos yu so, tabata bishitá nan semanalmente. E doló di e rechaso; i e echo ku nan no a aseptá mi a haña lugá den mi alma. Ata mi atrobe na e mesun kaminda ta bringa pa un lugá. Mi a bin realisá ku niun tempu mi frei su famia no a aseptá mi.

Mi a yega di tende nan asta bisa ku mi frei mester tabata ku un 'Javaanse'. Yòn manera mi tabata mi a pensa ku mi no tabatin mester di aprobashon di niun hende pa mi por ta ku esun ku mi ta stima. Mi a pensa ku mi tabata un hende ku no tin mester di aseptashon di nan, kaminda ku nan aseptashon i e aseptashon di otro hende siguramente tabata importante pa mi. Asina mi a gaña mi mes sin sa. Mi soñonan i mi anhelonan pa ta parti di un famia kompleto - di parti di nos tur dos su banda – no a resultá mes di parti di su famianan. Ata mi awor na Hulanda, leu for di mi famia i pushá afó dor di e mayornan di tata di mi yu.

Mi a sinti mi un estranhero, neglishá i poné un banda atrobe. Un frakaso! Tempu a pasa i despues di un par di aña e relashon entre nos, su mayornan i su famia a drecha. Nos tabata bishitá nan tur wikènt i asta bai fakansi huntu ku nan. Apesar di tur esei, e simia di rechaso, na final, a bira un palu ku a duna fruta amargo ku nos niun di dos no ker a kome fo'i dje mas. E rais di destrukshon tabata plantá hopi mas promé kaba.

Despues di e anochi skur di Pasku di 1996, nos bidanan a tuma un otro rumbo. Mi amiga su famianan a aseptá i a sostené nos i a duna nos e sintimentu di pertenesé na un famia atrobe. Nan tabata enbolbí nos den tur kos i nos tabata kombibí huntu. Pero pa motibu di tur e heridanan di bida, masha poko kos tabata hasi mi felis. Mi tabata stima mi frei i nos yu masha hopi mes pero mi tabata bringa ku tur e susesonan ku a pasa i tambe ku e sintimentu di rechaso.

E situashon akí a pone ku tur mi heridanan di pasado a bolbe manera un riu di awa riba mi, kasi pa hoga mi. Mi no tin balor, mi no ta bon sufisiente i mi no ta sirbi!

Tabata manera ku riba mi bida i mi aktividatnan tabatin un nubia shinishi. Un sintimentu profundo di soledat a baha riba mi. Mi tabata sinti mi so. So den mi mes famia i so den grupo di hende. Mi tabata sinti mi bashí kaminda mi tabatin tur loke mi tabata deseá...mi a purba atendé ku e realidat mas lihé posibel.

Mi a realisá ku mi no tabata biba niun kuenta di ada! Mi ruman muhé na Kòrsou a konsehá mi pa mi bai bishitá un iglesia – e mesun iglesia ku mi tabata bishitá na Kòrsou – esaki tabata na Amsterdam ZO. Ainda ta fresku den mi memoria kon nos tres a bai. Ami, mi frei i nos yu. Nan tabata tene e sirbishinan den un sentro di bario chikitu na 'Reigersbos'. Asina ku nos a kana drenta un sintimentu di goso a poderá di mi. Mi ta kòrda e dia ei manera ta ayera. E hendenan tabata kontentu i nan tabata kanta kantikanan kaminda nan tabata proklamá goso, speransa, sanashon i salbashon. Nan tabata kanta kantikanan na papiamentu tambe i tabatin hopi yu di Kòrsou. E muzik tabata gòspel pero di tumba, salsa, merengue. Ata mi na Hulanda, meimei di mi hendenan.

Den friu ku yas bistí, pero tabata sumamente kaluroso. Mi a sinti manera ta kas mi a yega, manera kos ku ta einan mi mester tabata. E hendenan tabata kanta ku nos, brasa nos, wak nos den nos wowonan i nos a sinti un amor ineksplikabel. Un aseptashon divino. Mi tabata ke ta asina! Manera e hendenan ei. Mi tabata ke tin e loke nan tin... e loke ku tabata hasi nan asina radiante.

E muzik a bira mas trankil i e señora ku tabata kanta a kuminsá kanta un kantika hopi trankil . E palabranan tabata profundo; "als een hert, dat verlangt naar water, zo verlangt mijn ziel naar U". Palabranan profundo for di Salmo 42:1, "Manera biná ta anhelá na koridanan di awa, asina mi alma ta anhelá na Bo, O

Dios". Mi a kanta, mi a kanta ku tur loke tabatin den mi. Mi tabata anhelá, anhelá pa mi alma haña alivio...mi a kuminsá yora, awa tabata keda basha for di mi wowonan, masha hopi, asina hopi ku nan no tabata stòp.

Tabata manera un deik a kibra. Nan a sigui kanta e tipo di kantikanan akí por lo ménos mei ora mas i mi lágrimanan no a stòp di basha. Mi ta purba stòp di yora. Tantu bia mi tabata pasa mi man na mi kara pa kita e awa di mi wowonan. Ta basta papel nan tabata pusha den mi man, te ora mi a pasa mi man bou di mi wowonan i a sinti algu straño.

Mi lágrimanan tabata sinti fuera di normal. Diripiente mi awa di wowo tabata manera zeta na mi dedenan. E sensashon den mi dedenan tabata sinti manera felpa. Mi a sinti mi un otro kaminda. Den un lugá kaminda mi por ta mi mes, kaminda mi por laga bai. Tur kos rondó di mi a disparsé. Nèt ora mi tabata sinti mi ta bai, mi a spanta habri mi wowo... sintiendo e zeta ketu bai na mi dedenan.

Mi a wak rondó di mi, abou tabata papa papa muhá. Mi a drai wak mi frei i a mira su wowonan kòrá kòrá. E tambe a haña su porshon. E dia ei tabata kuminsamentu di un era nobo den nos bida. E zeta...te awe mi no sa presis kiko esei tabata òf ta kiko el a nifiká presis.

Un kos mi sa sigur. Dios a haña un dimenshon i nifikashon muchu mas profundo pa mi. Mi a eksperensiá algu sobrenatural i mi a sinti Dios Su presensia den mi bida. Maske ku na e momento ei mi no a realisá.

Nos a kuminsá bishitá e sirbishinan tur siman i nos tabata eksperensiá sufisiente positivismo, nos tabata risibí speransa i forsa pa sigui bringa. Nos a bira parti di e hendenan ku tabata kongregá huntu ku nos einan. Tur djadumingu nan tabata prediká e Palabra di Dios kompañá ku alabansa i adorashon. Riba djamars nos tabata bai orashon i djabièrnè nos tabata bai estudio di Beibel. Nos tabatin hamber pa Dios i Su Palabra. Deseo di konos'É, anhelo di por pars'É.

Nos tabata purba tene nos mes na e siñansa ku nos tabata risibí. Niun hende no tabata obligá nos nada. Simplemente nos a skohe pa kumpli òf manera Beibel ta siña nos; obedesé Dios. E pastor tabata prediká tokante di biba huntu i ku esei no ta agradá Dios. Asina ta, ku hopi lihé nos a disidí ku nos no ke biba huntu mas i ku nos lo bai enfoká riba kasamentu. Nan a konsehá nos pa biba apart, miéntras nos ta preparando pa kasa. Asina mi frei a bai biba serka un ruman hòmber den Kristu i ami ku nos yu serka un ruman muhé den Kristu. Asina ei nos tabata papia. Nos tabata ke hasi tur kos pa agradá Dios, nos a kue nos kosnan, yama mi amiga i su famia danki pa nan hospitalidat i asina nos a bai. Nos tur dos a keda biba den 'Bijlmer' pero apart. Den nos entusiasmo nos ker a pone na práktika tur loke nos tabata skucha den e predikashinan, pues tur loke tabata bon, hustu i santu dilanti Dios.

Den sufrimentu nos tabata yama riba Dios, den doló nos tabata hasi orashon na Dios, na momento di dil ku desapunto i kosnan di pasado nos tabata pidi Dios forsa pa nos pordoná nos mes i otronan. Den pobresa nos tabata konfia Dios pa provishon. Nos tabata duna nos ofrenda na Dios, bishitá tur e sirbishinan, biba i lanta nos yu den e kaminda di Dios. Nos tabata gradesido na Dios.

Nos manera di bisti, papia i biba a kambia. Nos tabata hasi tur loke ta nesesario pa nos salbashon! Pa na final di tur kos nos no kima den fièrnu tambe! I asina pa tur dia, tiki tiki pero sigur nos hasi loke nos ta kere ku Dios ta spera di nos. Asina mes, manera nan a siña nos, pokopoko nos a kibra kontakto ku loke nan ta yama hende 'mundano', despues tira tur CD i diskonan 'mundano' afó, stòp di tende kantikanan 'mundano' na radio, stòp di drumi ku otro sin ku nos ta kasá, benta sierto kosnan ku nan ta bisa ku ta diabóliko afó. Stòp di huma i bebe, pa asina nos biba un bida santu ku ta agradá Dios.

No ta tur programa na televishon ta kos di wak i no ta tur buki ta kos di lesa mas. Nos a hasi tur eseinan i despues ora nos a bira lider di hubentut den e iglesia ta e siñansanan ei nos tambe tabata siña e hóbennan... ku tur e konsekuensianan ku esaki por trese kuné, basta nos biba manera Dios ke. Basta Dios si stima mi i no rechasá mi. Basta mi ta salbá di tur mi pikánan i inikidatnan. Basta mi ta aseptá!

Mi ta kòrda ku e ruman muhé den Kristu, esun kende a permití ami ku mi yu den su kas i tabata guia nos, tabata un hende e tempu ei – awor ku mi wak bèk – sumamente religioso. Tur kos tabata kuminsá i kaba ku orashon, ayuno i papiamentu den lenga. Tur kos tabata "sanger di Hesus" òf "den nòmber di Hesus". E tabata un muhé soltero i tabata lucha mashá ku su yunan. Bida no tabata fásil p'e ma e tabata tene duru na Dios den tur kos. E tabata bisa ku e ta bendishoná semper. Esei el a modelá na mi tambe.

Un anochi mi tabata drumí riba kama ku nos yu muhé banda di mi, lus tabata pagá. E por tabatin un aña i mei.

Tabata sukú den e kamber. E kamber tabatin un kama ariba i abou den dje. E kama parti ariba tabata yen yen di saku i kaha. Ora mi a wak rondó di mi, tabatin asina tantu saku i kosnan ku no tabatin sufisiente espasio pa kana. Mi tabata tende e djakanan òf ta ratonnan gigante ta kore den muraya di kas i patras di e sakunan. E kama ku mi tabata drumi riba dje ku nos yu muhé pegá banda di mi tabata manera un hamaka. E kama su spiral di heru bou di e matras tabata asina den mal estado ku e tabata bòl. Te den mi lomba mi tabata sinti inkómodo. Maske kuantu mi bira òf drai, mi no tabata haña un manera ku mi ta sinti konfortabel pa drumi.

Kon mi por a permití mi mes bin resultá den e situashon akí. Ami ku tabatin tur kos. Ki mishi mi den un kamber asin'akí? Kon mi por a hinka nos den e situashon ku nos ta den aki. Mi ta wak rònt sin mira nada. Ta parse ku e kamber a bira mas skur. E bultunan a kuminsá parse hende. E espasio entre ami ku mi yu i e kama riba nos a bira mas chikí. Mi stoma a kuminsá wal i mi a sinti mi frenta muhá sin ku awa ta lèk. Mi a sinti mi den un espasio ku tabata bira mas i mas chikí. E murayanan awor tabata serando riba mi.

Miedu a tuma over i a tuma kontròl di mi pensamentu i sintimentunan. Asin'aki si mi no a yega di mira. Kuantu mas? Mi ta sinti falta di tata di mi yu, mi mayornan i un bida felis. Mi ta tene nos yu mas duru i mas serka mi. Mi a realisá ku tin un bentana dilanti di mi. Den tur e skuridat akí, den tur e kosnan ku ta manera bin riba mi aki. Den tur e zonido di djaka òf ta raton ku ta kore ront i yen di otro zonido ku mi no ke ni sa kiko nan ta; tin un bentana.

Tin un salida! Tin klaridat eifó! Tin lus! Mi a halsa mi bista na laira i pa promé bia, di bèrdat, profundamente, manera kos ku algu a klek den mi, mi a yama Dios danki. Danki pa tur loke a pasa i tur loke ta pasando. I pa straño ku e ta zona...hopi lihé despues di e dia ei, nos a haña oké pa nos kasa.

Nò! nos kasamentu no tabata nada di loke mi tabata deseá ora mi tabata hóben. Nos a kasa na yüli 1997. Mi mama i tata a bini for di Kòrsou pa mi tata entregá mi. Tata di mi yu su mayornan i su rumannan, apesar ku nos a invitá nan na nos kasamentu, no a presentá! Tur hende di nos iglesia tabata presente. Nan a pone man na obra i trahando huntu nan a hasi nos kasamentu posibel. Nos mes no tabatin sèn pa hasi nada. Mi shimis tabata segunda mano, mi a kumpr'é pa 200 florin den Amsterdam den un tienda ku ta bende bistí di segunda mano. Huntu ku algun hende muhé di iglesia nos a bai laga un señora drecha e shimis pa hasié mas na mi smak. Nos no tabatin mas ku 500 florin hulandes e tempu ei, pa kubri e resepshon. Ta algun amistatnan i rumannan den Kristu a yuda nos ku tur kos i asina nos tabatin algu di kome i bebe pa tur hende. Nan a saka nos potrètnan ku un kámara desechabel. Nos a tene e seremonia den e sentro di bario ku e iglesia tabata hür e tempu ei. Nos no tabatin sèn pa renchi di kasamentu, p'esei nos a usa nos renchi di amistat ku nos tabatin for di tempu ku nos tabata biba na Kòrsou. Nos a haña nos bolo i bufèt tambe di regalo. Nos tur dos a kasa den blanku koló di pèrla ku hel i nos tabatin e tema di zòneblum. Mi tata a entregá mi i nos yu a karga nos renchinan. Nada pero nada no tabata importá! Basta nos a kasa! Basta ku porfin nos por ta huntu. Basta ku nos por sigui nos bidanan huntu i santu den bista di Dios. Esta kontentu nos tabata ku porfin nos tabata huntu. Huntu porfin komo un famia.

Si loke nos tabata hasi òf keda sin hasi tabata bon òf malu, un kos tabata sigur, Dios a proveé pa nos. Nos a haña un kas na Almere. Despues di a drumi seis luna den wenter riba un matras (nos tres) abou riba suela di semènt, nos a haña frishidèr, stof, linoli i kasi tur otro kos ku nos tabatin mester serka hende. Anto sin pidi. Nan mes tabata puntra nos kiko nos falta i tabata trese esei pa nos. Tiki tiki pero sigur nos a krea nos hogar.

Un temporada despues ku nos a kasa, mi kasá a haña un invitashon pa un kasamentu di un amigu di su hubentut, nos a disidí di bai, sabiendo ku nos lo bai topa su mayornan atrobe. Mi kasá i nos yu lo a mira nan pa promé bia bèk despues ku nan no a presentá na nos kasamentu. Ami lo a mira nan despues di mas o ménos un aña sin niun kontakto. Nos a pone nos dilanti ku maske kiko pasa, nos ta sòru di duna amor.

Nos tabata bria, un pareha felis ku nos yu, kende tabata trese brio, lus i klaridat unda ku nos pasa. Nos tabata bria diferente. No solamente na aparensia sino di kurason, algu ku tabata sali di nos interior. Nos a drenta i kumindá tur hende manera kos ku nada no a yega di pasa.

E lugá tabata den esfera di Pasku. Kòrá kimá ku oro. Stulnan di felpa ku kortina na estilo draperi. E lusnan a kapturá mi wowonan i a kita mi nèrviosismo. Nos a bai ku un kurason pa pordoná. Nos a bai pa laga tur hende eksperensiá e amor di Dios ku awor ta den nos kurason tambe.

Su siguiente siman su mayornan a invitá nos pa bini serka nan. Esaki despues a bira tur wikènt. I asina, sin nunka mas papia un pia di palabra tokante loke a sosodé den pasado i e echo ku nan no a bini nos kasamentu, tur kos a sigui normal. Sin realisá ku kosnan sin atendé ta keda brui.

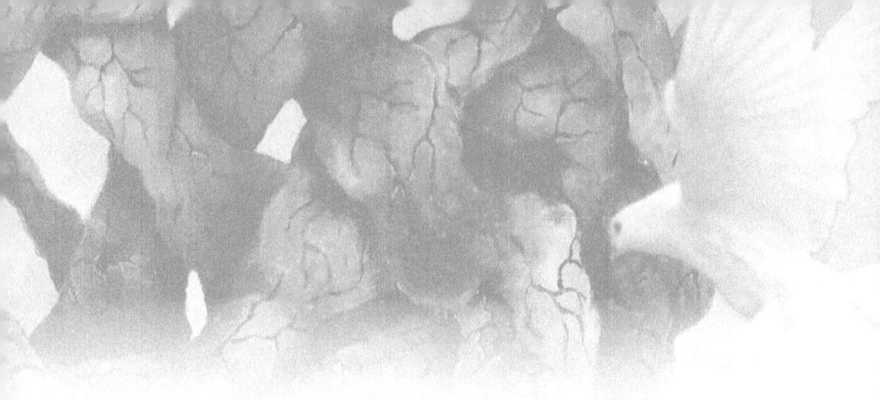

LAGA LÒS.......

Dikon sigui wak bèk?
Si loke ya a tuma lugá
Ta un echo ku no por wòrdu kambiá?
Dikon sigui insistí
Si loke a wòrdu pèrdí
Tòg nunka mas lo bo no risibí?
Dikon sigui lamentá
Si e loke no a wòrdu hasí
No ta algu ku ainda lo por wòrdu kumplí?
Dikon no arepentí i aseptá pordon?
Dikon no pordoná e otro i pordoná bo mes
Anto tuma kurashi, ánimo i determinashon
Serka Esun ku di bèrdat, ta E so konosé bo
kurason?
LAGA LOS…………..

Siña dje fayonan bo tras i pusha bai dilanti
Pa bo alkansá halturanan signifikante
Fiha bo bista i bo kurason riba djE
Enfrentá kada dia sabiendo ku ta un
bendishon di djE
Pasobra kada dia ta un oportunidat nobo
Pa alkansá bo metanan i finalmente kumpli
ku bo mishon
P'esei bo a wòrdu kreá
Sea esun ku Dios ke pa bo ta.

7. SEPARASHON

Ayega e momento ku mi a bai studia bèk i asina mi a kuminsá ku mi estudio di HBO na Amsterdam. Mi kasá a traha un par di aña na un banko i despues el a haña trabou na un parke di bestia. Nos yu tabata bai skol i tabata forma parti di un famia stabil. Mi kasá tabata e kabes di kas, e hòmber di kas i ami e muhé di kas. Nos tur dos tabata traha, ami tabata studia aserka i nos yu tabata sa ku tur kos tabata drai rondó di dje. Mi a biba mi kuenta di ada tòg pa un temporada.

Mi tabata gusta kushiná i ami ku nos yu tabata drecha mesa tur atardi huntu warda Papa bini fo'i trabou. Mi kasá tabata laba tayó turesten ku ami tabata drecha nan trònchi di pan pa e siguiente dia. Nos tabata laba paña huntu, strika huntu, ami tabata limpia nos kas i sòru pa anochi semper tin te òf chukulati pa nos tin nos tempu di kalidat komo famia.

Nos tabata gusta sirbi i tabata un ehèmpel pa hopi. Nos tabata entretené nos amistatnan i nos a dediká nos bida i tempu na sirbi Dios i sirbi den nos iglesia. Nos bida tabata konsistí di nos famia, iglesia i trabou. I promé ku nos por a ripará, nos bida tabata konsistí di iglesia, nos yu, trabou i skol i te na último nos matrimonio. Nos bida a sigui drai prinsipalmente rondó di iglesia i tur loke tabatin di hasi ku esei. Nos a stòp di hasi kosnan huntu i tabata hasi kosnan pa iglesia. Nos kas semper tabata habrí pa hende òf famianan ku no tin lugá pa keda. Hóbennan ku tabata ke un wikènt pa rilèks for di nan mama soltero a haña un kas seif pa keda ora nan tabatin mester.

Nos a disfrutá masha hopi di esei.

Nos bida a haña un nifikashon nobo, un dimenshon mas profundo. Nos tabata yuda i sirbi otronan. Den nos afan pa sirbi Dios nos a kuminsá sirbi hende. Reunionnan i aktividatnan di iglesia tabata tuma tur e tempu ku nos tabata sobra despues di trabou i skol. Pa un tempu largu nos tabata oké kuné. Dedikando nos bida – mas na iglesia ku na Dios – nos a stòp di alimentá nos relashon, stòp di sali i hasi kos leuk huntu pa nos mes relashon di pareha. Nos tabata hasi i sirbi pafó pero nos relashon mes a kuminsá pèrdè e brio.

Tur loke nos ker a hasi òf keda sin hasi nos tabata puntra pastor. Dios tabata papia ku pastor so. Kosnan na iglesia a kuminsá bira di malu pa pió. Nos a disidí ku nos ta kuminsá lesa otro bukinan, wak otro predikashinan, bai otro iglesianan i asina nos a yega na e konklushon ku nos tabata den un ambiente di un 'sekta' no saludabel. Na momento ku nos kuminsá hasi muchu pregunta i habri nos bistanan pa loke tabata pasando, nan tabata bisa ku nos ta rebelde i ku nos tin mester di disiplina. Esei ta nifiká ku bo mester stòp ku tur loke bo tabata hasi den iglesia i awor esnan ku tabata yama bo ruman ta kuminsá trata bo diferente. Nos mes ku nos mes mester a purba saka afó ta ki tipo di piká nos a kometé.

Durante di e añanan ku a sigui – despues di tres aña kasá – nos relashon ku mi kasá su mayornan a bira trankil, pero ku iglesia tiki tiki pero sigur un tempestat tabata na kaminda. Pa despues nos bin eksperensiá un kiebro den e iglesia, adulterio di lidernan den e iglesia, hendenan a kuminsá bai fo'i iglesia manera un éksodo.

Bringamentu pa posishon i rekonosementu. E iglesia mama a manda otro pastornan pa sostené e iglesia; pero al final esei no a logra i a bin resultá den renunsia di e pastornan ku tabata pastoriá for di dia nos a yega. Masha divorsio a kuminsá kai, deskonfiansa i instabilidat tabata loke e pastornan nobo mester a dil kuné. Huntu ku e susesonan ei, nos matrimonio tambe a kuminsá kèntel.

Nos a buska yudansa serka personanan ku ta spesialisá den matrimonio i 'burn out', pasobra mientrastantu mi a haña e malesa di "Feiffer" ku a redundá den un 'burn out'. Asta nos a bende nos kas i muda pa un otro stat pa risibí yudansa. Nos a lucha ku e parti spiritual. Ta Dios, ta iglesia òf ta nos no ta komprendé. Nos no tabata sa mas kiko ta e bèrdat. I awor ata nos ta lucha ku nos matrimonio tambe. Nos a pèrdè nos mes i a pèrdè otro den e proseso akí. Mientrastantu bon kuido pa nos yu, trabou i estudio tabata sigui normal. Nos ta bai sali afó... ta bai bini un vershon mas fuerte i mas sabí di nos mes...asina nos tur dos a kere...

Tur e susesonan turbulento akí a sakudí e fundeshi ku segun nos tabata masha sólido i komo pareha nos no a sobrebibí. Tabata opvio ku e no tabata sólido. Henter e 'rollercoaster ride' akí a bin kulminá riba un anochi den e di dos siman di novèmber 2004. Ami ku nos yu tabata hasi loke nos tabata hasi tur anochi. Mi a kushiná i nos dos a drecha mesa, pasobra mas o ménos seis or mi kasá ta yega kas pa nos kome huntu. Mi kasá a drenta, kologá su yas, pone su tas, kita su sapatu i a drenta sala riba su meanan manera ta su kustumber. Nos yu a kore bula riba dje i el a zuai e tir'é den laira i ami ku orguyo den mi wowonan tabata kontemplá nan.

El a pone nos yu abou i nos yu a kore subi trapi bai ariba pa e kohe algu ku el a traha na skol pa su tata mira. Ora el a kore subi trapi ami i mi kasá a bai na mesa di komedor pa nos sinta kome. Manera nos a kai sinta el a baha su kabes i ku bos abou el a bisa mi na hulandes: "Mi ta bai laga bo awe."

Mesora mi di kuné: "Kiko bo a bisa?" E ora ei el a hisa su kara i bisa mi un bia mas: "Mi ta bai laga bo awe." A reina un silensio. Mi no tabatin palabra. Mi a tende kiko el a bisa mi, pero mi no tabata komprendé kiko e tabata bisa mi. Nèt e momento ei nos yu a kore bini abou bèk, bula sinta riba e stul banda di mi. El a wak nos tur dos i su promé reakshon tabata: "Mama, kiko a pasa?" e momento ei mi a realisá ku mi wowonan tabata basha awa… el a bolbe puntra i awor mirando su tata; "Papa kiko a pasa mama?"

I su tata a bira bis'é: "Mi ta bai laga mama." E promé zonido ku mi a tende, ku semper a keda den mi memoria, ta ku nèt na e momento ei nos yu a laga su kuchú i fòrki kai (ku tabata den su man pero mi no a ripará mes), mi a tende: "Tangalangalang!!!" Pa despues e puntra su tata: "Na unda bo ta bai", pa e haña e kontesta: "Na mi mayornan."

Na e momento ei mi kasá a lanta for di mesa – nos no a kome – bai ariba, nos yu koriendo su tras bisando: "Papa mi mag bai ku bo?" i ami no a tende nada mas. Mi a keda sintá riba e stul sin por a move. Pa despues di un ratu mi tende mi kasá baha fo'i trapi, nos yu su tras atrobe. E tabatin un maleta chikí den su man. El a bira wak mi, yama mi ayó i sali bai.

Mi yu ku tabata forma parti di e minoria den su klas, di e muchanan ku nan tata i mama tabata huntu, awor lo bai forma parti di e mayoria ku tabata lanta sin ku nan mayornan ta huntu. E tabatin nuebe aña di edat.

Loke mi a eksperensiá despues tabata pregunta i tambe e echo di no por kere loke a pasa! Na yüni di e aña ei mi a terminá mi estudio i mi tabata ya pa un aña ku mi di dos estudio ku mi mester a terminá e siguiente aña. Ta un poko tempu promé mi kasá tabata kompartí ku mi, su deseo pa manera mi kaba ku mi estudio, nos ban traha riba mas yu. I nos tabata hasi orashon pa esei kaba komo famia.

Ta un par di dia promé el a fèrf nos kamber ku mi tabata spera basta ratu pa e fèrf. El a hasié masha nèchi mes! Nos bida tabata normal atrobe i nos a haña un iglesia kaminda e tabata sinti su mes na kas.

Ta yüli ku a pasa ei, di e mesun aña mi mama tabatei, i el a bisa mi mama ku nos ta bon i ku tur kos ta bai sali bon. Sinembargo un par di luna despues, riba un anochi den novèmber, el a skohe pa bandoná nos. I ami, pa seis luna largu, tur dia mi a warda mi kasá bini kas bèk, tur dia seis or mi tabata spera su yegada. Mi tabata drecha mesa pa nos tres, kushiná pa tres, ku fe ku e lo bolbe. Ku e siguransa ku Dios ta tres'é kas bèk.

Mi a hasi orashon, yuna i konfia Dios. Mi tabata bis'é trese su pañanan pa mi laba i mi tabata hasi esei p'e. Mi a sigui komportá mi komo su kasá i tabata sper'é tur dia di nobo. Mi tabata sigur ku un dia despues di trabou e lo regresá kas bèk. Mi tabata yam'é i bis'é ku e por bini kas ki ora ku e ke. Ora e tabata bin serka nos yu na nos kas òf trese nos yu kas bèk, òf busk'é pa sali kuné, mi tabata trat'é manera semper, manera su kasá... pero nada. Ni maske kiko mi a hasi, pidi i roga; e no a regresá kas bèk serka nos.

Un bia mi a puntr'é dikon e no tabata ke ta ku mi mas, su kontesta tabata, ku el a stima mi komo ruman i no komo muhé. Mi mester a dil ku e kontesta ei. Mihó el a bisa mi ku mi ta un mal muhé. Mihó el a bisa mi ku e ta stima un otro. Mihó el a bisa mi ku el a drumi ku un otro muhé. Lo mi a komprendé òf kisas asta meresé pa e bai laga nos. Pero stima mi komo ruman?

Hopi lihé – na mi pareser – el a kuminsá ku e trámitenan pa nos divorsio. Mi a nenga un par di bia promé pero na dado momento mi a bin realisá ku si mi no dun'é loke e ta pidi, hues mes por divorsiá nos. Mi a keda bishitá e iglesia ku nos tabata bai i tabata mir'é einan...ma despues e no tabata bai mas. Mi a sigui bai trabou i hasi manera nada no tabata pasando ku mi. Mi no a konta niun hende na trabou.

Na e iglesia ku mi tabata bai hopi hende tabata sa kaba. Mi a papia ku e hendenan ku tabata mas yegá na nos. Ata mi awor di un bida kasá i un famia ku tabata teme Dios, mi a bai na un muhé divorsiá, mama soltero, trahando i studiando i ku a kaba di sali for di un 'burnout' i e malesa di Ffeifer ku mi a haña. I pa hasi e kaso mas pisá ainda, mi famianan tabata leu fo'i mi i mi no tabatin e sosten nesesario di mi rumannan di iglesia. Tabata manera ku nan no tabata prepará pa sostené un persona den un situashon asina.

Mi a sera mi mes, stòp di kue telefòn, stòp di bai iglesia i a kuminsá mèldu na trabou ku mi ta malu i a bin kai den proseso di 'ARBO'. Mi a sinti mi rechasá i bandoná. Mi no tabatin forsa pa hasi nada ku no ta bai bèk na e sigaria di mi hubentut, keda sin kome, sin drumi i purba kaba mi di dos estudio. Mi a stòp di biba i a kuminsá sobrebibí. Mi a sinti ku mi a frakasá i ku mi no ta sirbi. Mi a sinti tambe ku Dios a sinta mira sin hasi nada. Mi ta mi so i pèrdí.

Mi a pèrdè tur loke ku tabata duna sentido na mi bida. Mi tabata biba di ora pa ora, dia pa dia, ta gaña mi mes ku tur kos lo bolbe bira bon. Kosnan no a bira bon, nan a bira pió. El a kita su renchi di kasamentu i mi a realisá ku awor si di bèrdat no tin speransa. Mi a kaba mi di dos estudio riba mi higra. Na momento ku el a buska un abogado pa e divorsiá mi, mi a sintá dilanti di un hende ku mi no tabata rekonosé mas. Pa mi e tabata un traidor!

Traishon di e hòmber ku mi ta stima i ku mi a warda riba dje. Traishon di su mayornan, nan tabata sa basta tempu promé ku mi, ku nan yu lo bai laga su famia. Traishon di e rumannan i famia den Kristu, ku mi ta sinti ku no a hasi esfuerso pa yuda mi. Mi a sinti asta traishon di Dios ku den mi bista mi a kere i a konfia ku tur loke ta den mi, pero ku no a intervení pa mi na momento di mester. Mi mundu a kai den otro. E loke ku mas mi tabata husga i tabatin miedu di dje, a pasa ku mi. Mi a bira un mama soltero. Mi tabata mi so ku mi yu sin sa kiko ta nifiká pa ta mi so.

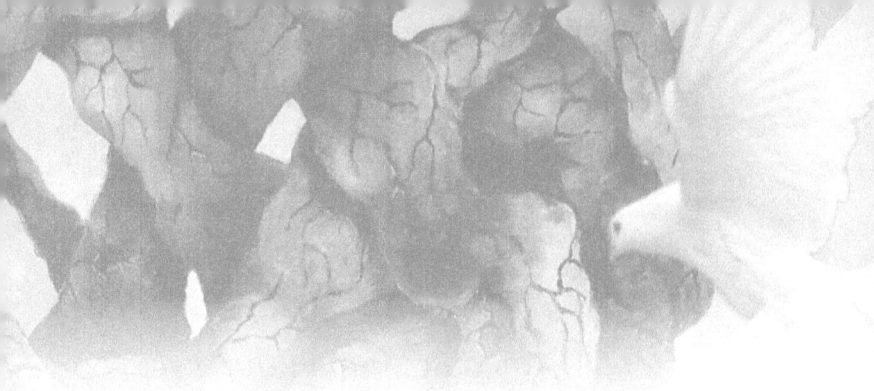

PROFUNDIDAT

Si mi keda drif ariba
Ta awa so lo mi keda mira
Ola grandi por tapa mi
I asta tin chèns ku l'e por hoga mi
Si mi dùik bai abou
I sondea e profundidat dje awa blou
Lo mi enkontrá un paraiso
Ku nunka lo mi a mira na superfisio
Profundisá den e Palabra di Señor
Tur dia studi'é ku gran fervor
Meditá i memorisá te ora un parti di bo e ta
Lo bo enkontrá e tesoro di Dios
Ku den Su amor El a prepará pa nos
I ora e olanan di prueba presentá
Seguramente lo bo triunfá

Pasobra meskos ku e awa di laman
E Palabra di Dios lo tin bo rondoná
Subi ola…..kon haltu ku bo ke
Ami si no tin miedu di dje
Ta den e Palabra mes m'a les'e
Dios tin mi den Su man tené
I nada ni niun hende por ranka mi fo'i djE.

8. AMPUTASHON

"Divorsio ta manera un amputashon; bo ta sobrebibí, pero ta keda ménos di bo."

Margaret Atwood

Mas o ménos un aña despues ku tata di mi yu a bai, mi a bin Kòrsou ku fakansi i a solisitá na Kòrsou. Den e mesun luna ei e papelnan di divorsio a bin pa mi firma i mi a hasi esei. Den e mesun luna mi a haña trabou na Kòrsou i seis luna despues ami ku nos yu a regresá Kòrsou. Ata mi awor, bèk den kas di mi mama. Mi mama tabatin rason.

Mi a pèrdè mi kasá...mi a pèrdè mi mihó amigu pa semper. Mi no a tuma nunka e tempu pa ta mi so. Mi a sali for di kas di mi mayornan i bai biba serka e famia hulandes, sali di einan bolbe bin biba na kas bèk pa despues bai biba huntu ku esun ku a bira mi kasá. Mi a haña nos yu na edat yòn i no a duna mi mes chèns pa desaroyá sufisiente komo hóben.

Mi a bira mama sin ku mi a kaba forma un identidat sólido di mi mes, di ken mi ta i kiko mi ke. Despues nos a biba serka mi amiga pa bai den kas di un otro famia pa sali di djei, kasa i forma un bibá. Mi no tabata por ta mi so, ni mi no a kustumbrá di hasi nada mi so. Mi tabatin un bida organisá, ordená i strukturá. Tempu mi tabata sirbi Dios i bai iglesia nan a siña mi pa mi ta un muhé pa mi kasá. Un sirbidó den mi kas. Mi bida tabatin sentido, bida tabatin un propósito pa mi. Huntu ku un hòmber mi tabata sinti mi muhé, huntu ku un yu mi tabata sinti mi mama i sirbiendo den kas di Dios mi tabata sinti mi útil.

Bibando pa Dios mi tabata sinti ku mi tin derechi di eksistensia. Kiko awor ku tur eseinan a kai afó. Mi a kere i biba asina tur tempu anto awor nan kai afó, nan no tei mas. Kiko a sobra? Mi no a kasa pa divorsiá! Mi a sinti bèrgwensa i kulpabilidat. Mi a hasi e sintimentunan ei parti di mi. Mi a enfoká riba e úniko kos ku mi tabatin mester pa nos sobrebibí...

Traha! Traha i traha... manera un robòt mi tabata atendé ku mi yu, hib'é skol pa despues bai trabou. Mi bida no tabatin sentido mas. Mi no tabatin ni forsa pa mi mes, kòrda pa mi yu. E loke ku mi tabata para p'e, mi no por a hasi mas. Mi kasá i mi yu tabata e sentro di mi eksistensia, ku nan mi tabata sa kon pa kana i kon pa move den e mundu akí. "Kon un hòmber yu di Dios por a bai laga su kasá i su yu?" Asina mi yu a puntra mi. Mi no por a kontest'é.

Hopi pregunta a keda sin kontesta i mi no por a dil ku e echo ku mi no ta haña kontesta riba mi preguntanan. Den mi bida mi a mira hopi relashon terminá i hopi pareha divorsiá rondó di mi. Asta e separashon di mi mayornan. Mi tabata sa ku ta algu ku ta pasa i ku por pasa. Pero no ku ami! No ku ami ku ta stima Dios i ta sirbiÉ. No ami ku ta un bon muhé, no ami ku a hasi tur loke tabata na mi alkanse pa traha riba nos matrimonio. No ami...!

Ma despues mi a bòltu e pregunta... dikon otronan sí i ami nò? Esta arogante i naïf di mi parti pa husga tur otro i pensa ku esaki lo no por a bati na mi porta.

Ta nos dos a faya i ta nos dos a laga bai. Ta nos tur dos a drif bai laga otro. Nos dos a yena nos bida ku otro kos. Nos dos a deskuidá otro i a deskuidá nos relashon i religiosidat tabata e base.

Drumí riba mi kama, mi tabata sinti ku ta manera un parti di mi a bai. Mi tabata sinti manera ku nan a kita un parti importante di mi i esei tabata hasi masha doló. Tabata manera nan a amputá un miembro di mi kurpa.

Nos ta papia di amputashon na momento ku dòkter mester operá i kita un parti di e kurpa pa diferente motibu. Esaki por sosodé por ehèmpel despues di un aksidente òf si tabatin un herida, un malesa, kemadura òf un tumor. Tin beibi ku por nase ku un parti ya amputá.

Mi ta sinta i mi ta kòrda ku mi a yega di lesa ku ora ta papia di un amputashon ku no ta urgente, tin espasio pa e pashènt prepará mihó pa tur loke ta bai sosodé ya asina operashon por kana mas mihó posibel. Despues di e operashon e pashènt ta haña diferente tratamentu pa evitá doló òf komplikashon. Ta importante pa e pashènt drenta e proseso di revalidashon pa e siña dil ku e pèrdida akí emoshonalmente tambe. E persona mester traha riba mobilisashon awor ku un parti di su kurpa no tei mas. Amputashon tambe por tuma lugá na momento ku un pashènt a nase ku un parti di su kurpa asina deformá, esaki pa motibu di un kondishon genétiko. Amputashon por ta nesesario tambe pasobra tin un tumor na e persona su wesu òf na su spir. Tin situashon ku pa motibu di un herida grave kousá pa un eksploshon dòkter tin ku amputá un pia òf brasa". Turesten ku mi mente ta sigui bai mi ta realisá ku e malesa di suku tambe ta un kousante di amputashon di pia òf dede. Por sosodé ku ora no tin sufisiente sanger den e kurpa, e sèlnan i tehido den nos kurpa ta haña insufisiente oksígeno.

Esaki ta kousa ku e parti ei di e kurpa por kuminsá muri. Ora e parti ei muri por kompleto... amputashon tin ku tuma lugá. Mi ta buska mas informashon riba mi kòmpiuter i mi ta haña un artíkulo ku ta bisa, ku promé ku e operashon e siruhano ta hasi un kontròl profundo na e parti di e kurpa ku mester amputá. Den kaso di un emergensia e parti di kontròl profundo akí ta tuma lugá den un tempu hopi mas korto.

Nan ta hasi tambe tèstnan físiko i sikológiko. E tim ku ta hasi e preparashonnan akí sa adelantá kiko ta lokual ta bai kambia na bida i situashon di e persona. Esaki ta enserá bida na kas, trabou, skol, bida sosial etc. Den sierto kaso e pashènt ta haña oportunidat pa papia ku e persona di fisio terapia i tambe ku e persona enkargá pa traha e prótesis.

E persona ku ta bai pèrdè un parti di su kurpa por asta kuminsá papia i buska informashon i sosten serka personanan ku a pasa dor di e proseso ei kaba. Un bon preparashon i sufisiente informashon delantá ta yuda den e proseso di rekuperashon di esun ku ta bai pèrdè un miembro di su kurpa. Interes pa e tópiko akí a kuminsá lanta mas i mas den mi. Mi ta pensa riba mi mes. Mi ta sinti manera kos ku nan a kita un miembro fo'i mi. Amputá! Mi ta sigui investigá i mi ta lesa ku e operashon pa hasi un amputashon ta sosodé bou di 'narcose', kaminda nan ta manda e pashènt leu, pues e ta kompletamente for di dje.

Dependé di e grado di e amputashon, dòkternan por skohe pa verdof mitar kurpa di e pashènt òf solamente na e lugá di e amputashon. E siruhano ta separá e parti di e kurpa ku mester amputá i ta usa téknikanan pa drecha e funshon di e parti di kurpa ku ta keda; pa evitá òf minimalisá riesgonan di komplikashon. Despues e siruhano ta kose òf nit e herida i ta pone gasa. E ta pone rekisitunan manera slan pa saka líkido for di e parti di kurpa ku a keda. Despues di e operashon e pashènt por haña oksígeno i remedi pa doló via infüs. Mesora despues di esei ta bira importante pa e pashènt haña e guia nesesario. E ta haña remedi pa doló físiko, guia sikológiko pa doló emoshonal i tambe revalidashon ku yudansa di fisio terapia.

Nan ta splika ku doló i sensashon imaginario ta sosodé despues di e tipo di operashonnan akí, e ta algu kompliká. E sensashon imaginario ta ora e persona ta sinti manera ku e parti amputá tei ainda. Doló imaginario ta na momento ku e persona ta sinti doló na e parti amputá maske ku esei no tei mas. E doló por tei konstantemente pero e por presentá diripiente tambe, manera un atake. E doló ku e persona ta eksperensiá ta manera ku na e parti amputá ta kima, pika, hinka, trèk, i ta parse manera ku e ta kohe kram.

Motibu di e doló imaginario akí ta den nos selebre. E selebre ta registrá esaki. Awor ku e parti di e kurpa ei no tei mas, e parti den e selebre ku tabata konektá ku e parti di e kurpa ei, ta keda sin funshon. E parti ei no tei mas i e selebre no por konektá kuné. Esaki ta trese kuné ku e selebre ta bira mas sensibel i ta registrá tur loke ta stimulá e selebre komo doló den e parti kaminda e amputashon a tuma lugá.

Mi ta keda wak mi dilanti. E mundu rondó di mi ta disparsé miéntras ku mi ta realisá ku asta un momento kaminda e persona ta rekordá e doló di ántes, esaki por manifestá su mes komo un doló imaginario. Hopi bes ta trata aki di e doló ku e persona a sinti promé òf miéntras ku e amputashon tabata tumando lugá. Enfokando bèk riba loke mi ta lesando... nan ta bisa ku ta yama e doló akí: doló sikológiko imaginario.

Esei ta e doló ku e persona ta asosiá ku un lugá, un suseso, un sintimentu, un persona òf un zonido. Apesar ku e persona ta rekuperando, komplikashon por tuma lugá den e área físikamente i sikológiko. E zonido di telefòn ku ta rin ta saka mi for di e momento di lesa i reflekshoná, pero mi no ta kue. E loke mi a lesa a impaktá mi mas ku mi por a pensa.

Mi a eksperensiá divorsio di matrimonio i separashon di iglesia manera un amputashon! Awor e proseso di biba sin un miembro di mi kurpa mester kuminsá. Tur dia mi tabata sinti mi un persona kasá pero mi no tabata kasá. Ansiedat a bira parti di mi bida. Mi a kuminsá rebeldiá. Mi a kuminsá subi 'online' awor ta buska pareha. Mi tabata pasa mi dianan tras di kòmpiuter ta chèt ku diferente hende hòmber. Buskando atenshon, kariño i amor di personanan deskonosí. Mi no tabatin eksperensia ni mi no tabata sa kon pa atendé ku e sintimentunan pasahero akí. Mi a bandoná mi amistatnan, mi a bandoná iglesia i mi a bandoná Dios. Mi a pensa ku un sèt di hende ku tabata yama nan mes kristian no por a yuda mi. E palabra, hipókritanan, ta sali fo'i mi boka kasi inkonsiente.

Mi a entregá òf mihó bisá sakrifiká mi bida i mi matrimonio pa iglesia i loke mi a haña bèk tabata falta di konosementu riba e área akí. Ta ken a manda mi? Mi a hasi nan muchu importante. Laga nan keda aya banda ku nan husgamentu. Ami ta bai djaki banda. I asina mi a bai. Mi a saka mi frustrashon i desapunto den humamentu, komementu, bebementu i salimentu. Si, tambe ku drumimentu.

Mi a kuminsá bai diskotèk kaminda mi a kanta i baila sakando mi rabia. E bia akí no tabata adorashon ni lágrima ku tabata sinti manera zeta na e tep di mi dedenan. Nò, e bia akí tabata rabia. Un adoradó, un ku ta ministrá i ku ta guia, awor pèrdí den su propio herida. Ta manera tur kos tabata un mentira. "Make-up" i paña moderno i bunita ta tapa mi herida, mi sufrimentu i mi soledat, turesten ku mi ta pèrdiendo mi dignidat.

Ku mi mannan na laira riba 'beat' di 'trans house'. Pa mi lanta fo'i mi kama siguiente mainta i biba ku e echo ku mi a sasia mi bashí, mi soledat i mi set pa amor ku un hòmber ku mi no tabata konosé. Mi a sufri un amputashon i komplikashon a tuma lugá físikamente i sikológikamente. Ku tur loke ta den mi, mi tabata bringa e echo akí. Mi no ker a laga lòs ni aseptá e otro bida akí; esei a bira e motibu di mi depreshon ku mi a kai aden pa e añanan ku a sigui.

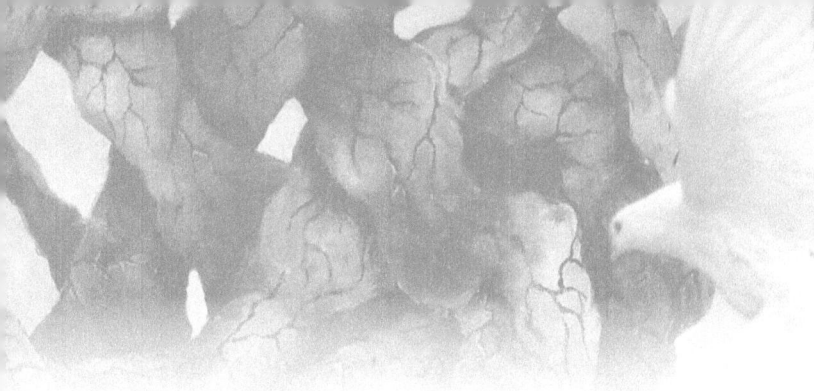

MI NO POR MAS

Pakiko sigui nenga, pakiko sigui rabia?
Pakiko sigui lucha, pakiko sigui bringa?
Nan a yuda mi haña solushon? Ah?
NO!! Solamente mas desepshon.
Un tristesa profundo a kue rais den mi
kurason
I su palu a pari un fruta marga, yamá....
depreshon
Ya mi no ke atendé ku niun hende ni
tampoko niun situashon
Mi a lanta un muraya haltu ku ta rondoná
mi di tur banda.....
Isolashon
No konsolá mi, no enkurashá mi
No papia ku mi, no bisa mi nada. Tòg nan

tur ta palabranan bashí

Bèlnan ku ta zona i nan zonidu... ta bai pèrdí

Awor si mi lus a paga i skuridat ta rondoná mi di tur banda

Doló i sufrimentu ta goberná mi bida. Mi a drenta un kaya sin salida

Ta basta, mi ta benta mi sèrbètè den rin.....

Segun mi alma ta yegando suela

Djaleu aya mi ta skucha zonido di fiesta

Ta mi enemigunan ta regosihá, awor ku mi a wòrdu derota?

Desesperá mi ta lucha i logra hisa un man

Por ta tin unu ku ke yuda mi lanta fo'i djakinan?

Pasobra maske depreshon

A tuma kontròl di mi kurason

Ainda tin un lus chikitu sendé

Dunando mi e speransa ku kisas...

tòg mi por logr'é

Por fabor.... duna mi un man!

9. DEPRESHON

emper mi a tende hende ta bisa ku bo no por hui pa bo problemanan òf situashon. Un aña un dia, nan ta alkansá bo. Ora mi a yena mi maletanan ku paña i manda kahanan Kòrsou, mi a bai ku tur mi ekipahe personal ku mi no a dil kuné tambe. Mi a pinta mi kara i bisti nèchi di pafó, pero mi alma ku su heridanan emoshonal tambe a bin ku mi huntu ku tur mi inikidatnan. Temanan ku ta kore manera un liña kòrá den mi eksistensia, no a keda tras. Na mi man mi yu, mi úniko yu ku tur su ekipahe tambe. Un ekipahe ku no tabata solamente literal pero tambe emoshonal. Nos ta bisa unu plùs unu ta dos. Pa mi unu plùs unu tabata inkontabel den e tempu ei. Temanan di inseguridat, pensa i sinti ménos di mi mes, rechaso i miedu a bira un fòrti pa mi, pero mi mes no ker a aseptá esei. Deskonektá di fe i speransa mi a pone pia bèk na Kòrsou pa kuminsá di nobo.

Yanüari 2006 mi a regresá Kòrsou ku mi yu i nos a bai biba serka mi mayornan. E kas ku nos tabatin na Hulanda tabata na benta i mi a skohe pa no trese kasi nèt nèt nada ku tabata den e kas ei. Mi a bini ku mi yu i práktikamente solamente nos pañanan i kosnan di hunga di mi yu. Kosnan ku ta importante p'e; su bukinan i tambe kosnan emoshonal manera potrèt i tur mi bukinan. Bèk den kas di mi mayornan. Mi tata no tabata biba na kas mas i ta mi mama i mi ruman hòmber tabata biba na kas. Mi yu a haña un kamber pa su mes i ami a bai biba den e apartamentu na e parti abou di e kas. No a dura muchu ku mi no ker a keda einan mas. Mi a biba aki despues aya...te ku mientrastantu lo mi a muda mas ku dies bia, pues pa nos e echo di piki nos kosnan a bira kustumber kaba. Instabilidat a bira sinónimo di mi bida.

Mi a bira un otro hende. Mi tabata traha masha hopi mes. Frekuentemente mi yu tabata na oma miéntras ku ami tabata dil ku mi proseso di rou. Fihando mi bista riba solamente loke a pasa mi a pone ku mi no tabatin bista pa nada otro. Mi tabata mantené mi mes okupá ku trabou kombiná ku hala mi mes atras for di hende, bibando asina den mi mes emoshonnan. Dor di mi enfoke i pashon pa mi trabou, mi tabata krese komo trahadó sosial i tambe dunamentu di treinen riba nivel di desaroyo personal. Mi tabata duna hopi di mi mes pa yuda, sostené, guia i fortalesé otronan den nan situashon i formashon. Pero despues di un dia largu di trabou mi no tabatin energia pa nada otro ku kai bèk den mi sintimentunan di tristesa, desapunto, kulpabilidat i rabia. Mi a hasi mi mes un víktima i mi a skohe pa keda den dje. I esei inkonsientemente...

Mas o ménos un aña i mei despues ku mi a pone pia riba Kòrsou, mi a konosé un hòmber. Mi a primintí mi mes ku nunka mas lo mi frei un hòmber kristian òf mihó bisá un hòmber di "Dios". Pasobra si e kosnan akí ta pasa den iglesia, anto mihó mi busk'é den mundu. Sikiera einan mi sa den kiko mi por haña mi i lo mi ta mihó prepará. Esei ta un di e hopi 'mentiranan grandi' ku mi a biba, pasobra a resultá ku mi no tabata sa nèt nèt nada di loke mi a saka for di mi boka. Mi tabata un muhé di kas, un muhé ku ta fiel i loyal, un muhé ku ta kuida su famia i ku ta pone famia na promé lugá.

Un muhé ku sa kiko ta someté, un muhé ku ta sirbi i yuda. Un muhé dediká ku a konosé miserikòrdia, grasia i amor di Dios. Un muhé ku tabata kere den santidat maske no ta tur ora mi por a mantené mi sanidat. Un muhé ku tabata sa bon bon kiko ta orashon pa tur kos i ku tabata reflekshoná promé ku mi tuma un desishon. Di bèrdat mi no a realisá e peso di loke ku mi a papia. Pasobra mi a bin topa un hòmber di edat un poko mas grandi i na eksperensia di bida 'i kaya, e tabata un maestro.

Un hòmber ku tabata lucha ku su mes skuridat konstantemente. E tabatin dos karakter i tabata kambia manera di dia i anochi. Di un banda e por tabata un hòmber ku ta kompasivo i dushi den trato, miéntras ku fásilmente e por bòltu bira un hòmber ku ta bebe masha hopi serbes i tabata kompañá esei ku humamentu di mariwana. E tabatin mas muhé i tabata bai pèrdè pa dianan di un manera straño ku mi no tabata sa na unda e tabata bai.

Pa despues e bini bèk serka mi, drumi ku mi i despues subi kama pega soño pa mínimo bintikuater ora. E tabatin algu rudo kuné ku mi tabata haña atraktivo, algu di un hende ku ta sintié liber. P'esei mes mi no tabatin grep riba dje. Kada un bia ku e bai i bolbe tabatin tantu gañamentu, biramentu di palabra i di un òf otro manera mi a aseptá tur su bagamunderianan. Mi tabata meresé otro anto? Mi a haña netamente loke mi a pidi p'e ma mi no por a dil kuné. Kiko ami sa di dje? Tantu protehá mi tabata den e murayanan di iglesia. Ki mishi mi dje forma ei akifó. Mi a eksperensiá kosnan ku solamente mi a yega di tende di dje. Biba kosnan ku ta den pelíkula mi a yega di mira.

Mi gusta lesa, pero bukinan ku ta bai tokante di e tipo di kosnan akí, mi no tabata kumpra mes pa mi lesa. Nan tabata tópikonan muchu pisá pa mi. Deskonosí! E tabata kòrta mi orea, tabatin abusu emoshonal, uso intenso di droga i alkohòl. Mi mester a dil ku su kurpa marká dor di otro muhé i gañamentu. Biba riba angustiá, ku spantu i kontinuamente na rant; kaminda mi tin un yu pa kuida. Pero nò! Mi no tabatin sufisiente na ta mama so. Mi ke tabata 'muhé' a kosta di tur kos. Finalmente e situashon akí a kontribuí na e delaster drùpel den mi hèmber. Mi a pèrdè tur kos....pasobra mi a pèrdè mi mes. Anto ta e kos ei mi a yama stimashon. Otro mentira...

E relashon ta yega na su final na fin di 2007. E situashon a eskalá di tal manera ku mi a haña un atake di pániko kombiná ku histeria. Despues di un diskushon fuerte kuné, mi a drenta mi outo pa mi bai. Mi a start e outo sali bai pa despues di un ratu koriendo, tiki tiki pero sigur, mi rosea a bira pisá. Mi kurason tabata den deskontròl. Aselerando ku spit di avion. Mi wowonan a kuminsá bira skur. Mi a kuminsá tembla i hiperventilá, huntu ku esei un miedu inmenso a baha den mi.

Mi a kuminsá grita i yora histérikamente. Mi tabata sinti ku mi ke kuminsá kore outo masha duru mes òf sali for di e outo i kuminsá kore sin destinashon. Mi tabata sinti manera tur kos ta bini riba mi, i mientrastantu mi tabata soda kayente i friu pareu. Mi a para kantu di kaminda i mi a bèl mi kolega ku tabata mi amiga. Kuné mi tabata papia hopi i e tabata duna mi e sintimentu ku e ta komprendé i aseptá mi sin husga mi. Niun otro hende no tabata sa kon profundo mi tabata lucha ku mi emoshonnan. Den trabou mi tabata funshoná ekselente, p'esei niun hende no por a pensa ku mi tabata asina malu.

El a sali for di kaminda e tabata, bin buska mi i hiba mi dòkter. Einan mi dòkter a dal mi un angua ku mester a trankilisá mi pa diesdos ora. Mi a keda lam di tur kos i mi amiga a hiba mi kas. Mi a subi kama drumi. E trankilidat no a dura mas ku seis ora i mi a sinti ku mi tabata bira manera loko atrobe.

Un par di dia despues mi a bai sikólogo i un par di dia despues nan a hospitalisá mi ku depreshon, insomio i atakenan di pániko. Tabata un momento di un "tormento perfekto". Tur kos a bini huntu na un momento spesífiko i hasi un katástrofe total di tur kos huntu. No tabatin nada ku por a hasi, niun hende ku por a hasi algu pa mi, solamente pone mi drumi i yena mi ku tur tipo di remedi pa regulá mi emoshonnan i trankilisá mi.

Promé i despues ku nan a interná mi den hòspital, mi enfoke di bida tabata solamente riba trabou. Esei so tabata eksihí tur energia ku mi tabatin. Mi no por a dil ku niun mal notisia, desapunto, diskushon ni nada ku tabata hasi mi intrankil mas. Mi tabata biba sea den pasado ta kulpa mi mes òf mi tabata preokupá mi mes pa un futuro ku den mi bista tabata insigur. Mi tabatin miedu di tur kos. Miedu ku otro lo hasi mi doló, miedu ku nan lo gaña mi, miedu ku nan lo husga mi, miedu di muri pa mi yu no sufri pero tambe gana di muri pasobra mi no ker a enfrentá bida. Bida tabatin muchu kos i mi no tabata ke ni por a dil ku nan. Mi no tabata sinti mi na kas den e mundu ku mi ta biba. Mi no tabata sinti ku mi ta pas den e mundu ni ku mi mester ta akinan. Mi tabata anhelá na trankilidat i felisidat. Na un otro realidat. Pero mi tabata buska nan tur pafó di mi mes.

Den trabou, den mi amiga, den mi yu, den yuda hende...ma niun kaminda mi no por a haña loke mi tabata buska i anhelá. Al kontrario, e manera ku mi tabata mira mi mes tabata bira ménos kada dia, entre otro pa motibunan ku mi mes a skohe. Mi tabata spera mas ainda di hendenan rondó di mi pa hasi mi felis. Algu ku mi no por pone ni spera di niun hende. Poko poko i sigur mi a drenta mas den un isolamentu, kaminda mi pensamentunan negativo a tuma kontròl.

Tur kos tabata kuminsá i kaba ku un pensamentu di krítika, di menospresio i fatalismo. Mi a sinti ku mi tabata pèrdè mi mes literalmente den un skuridat i mi no tabata sa kon pa mi sali afó. Tur loke mi tabata hasi òf keda sin hasi tabatin su rais den miedu i desesperashon. Mi tabata ke mi bida bieu bèk. Mi tabata ke ta kasá, un mama stabil, un muhé di fe i siguridat.

Mi no tabata ke, i ora mi tabata ke mi no tabata sa kon pa aseptá ku mi no ta einan mas. Mi no tabata sa kon pa konstruí un bida di nobo. Mi no tabata sa kon duna sentido bèk na mi eksistensia. Mi tabata tira tur falta riba mi mes pa e echo ku mi no por a salba mi matrimonio. Trahadó sosial mi ta! Kon por ta ku mi ta mira tantu kos, komprendé di unda asina hopi kos ta bini, konosé hende, traha i yuda hende...

Sinembargo mi no por a salba mi matrimonio. Mi no por ni yuda mi mes sali afó pa mi por ta kapas pa tei pa mi único yu. Hopi lihé e echo ku mi no por tabatei pa mi yu tambe a dominá mi. A bini aserka ku awor mi no ta solamente un mal kasá, pero tambe un mal mama...i konsekuentemente un mal muhé. Mi balor propio a yega te abou na suela i mi a stòp di biba i a kuminsá eksistí.

E anochinan tabata duna mi angustia. Mi no por a drumi. Mi kusinchinan tabata muhá ku lágrima. Remedi tabata yuda mi drumi. Mi tabata sinti soño pero mi no por a pega soño. Mi mente tabata keda drai. Ora ku mi lanta mainta i habri mi wowonan, mi tabata kuminsá yora. Sin forsa pa mi lanta baña mi kurpa i bai traha atrobe, mi tabata bolbe kas bèk den e mesun rutina. Mi tabata deskuidá tur kos; mi mes, mi yu i mi hogar. Den un par di aña mi a biba yen di 'ups and downs'...dianan super kontentu kasi maniátiko pa despues kai bèk den un buraku di depreshon ku mi no sa kon pa sali bèk for di dje.

Asina mi tabata biba dia den i dia afó. E úniko kos ku danki na Dios tabata bai bon, tabata mi trabou, esaki pa motibu di e pashon grandi ku mi tabatin pa loke mi tabata hasi. E úniko kos ku nunka no a kambia i ku semper a keda stabil. Asina mi a tuma refugio den trabou, den karera i a sigui krese komo un profeshonal.

Tabatin momentonan ku mi tabata kore outo i mi tabata haña atakenan di pániko. Mi tabata grita yora, parker mi outo na unda ku ta, un lugá desolá pa mi bebe remedi òf bin bei. Na otro momento mi tabata bai fo'i mi, pero danki na Dios Kende a manda yudansa di hendenan ku tabata nèt na e momento korekto den bisindario i asina e situashon no a bira algu fatal.

Nada no tabata por hasi mi kontentu pa un tempu largu sino solamente pa un ratu. Mi tabata asina bashí ku ni maske kiko mi mes purba hinka den mi bida, tabata manera ku e ta sali literalmente di e otro e banda. Mi a kana na sikólogo, sikiater, pastornan, mi a papia ku mi amiga, buska konseho i sosten serka mi ruman i buska amor serka hòmber. Den mi desesperashon mi tabata bishitá iglesia pero tabata solamente pa mi realisá ku no ta divorsio so nan no ta komprendé, pero depreshon pió.

Nada no a yuda. Mi a kansa..... kansa di mi mes, kansa di tur kos. Momentonan di atake di pániko ta resultá den korementu di outo masha duru mes, dal mi mes den mi kara i kurpa, yora i grita histérikamente òf sino drumi. Drumi, drumi sin ke lanta mas. Ora mi no tabata sinti asina, mi tabata purba di biba mi bida mas normal ku ta posibel.

Loke ta hasi depreshon difísil ta e echo ku mi no tabata sa ki momento e promé siñalnan a kuminsá. Ora mi a bin realisá ku ta depreshon mi tabatin, ya mi tabata den dje pa tres aña kaba. El a kuminsá asina sutil den mi mente. Manera awa ku ta lèk den un hèmber. Bo ta tend'e zona tiki tiki den e bòm. Pa despues no tende nada, pero mientrastantu e awa ta yenando te ku e ta basha over. Repentinamente bo ta sa ku e awa a basha muha tur kos. Ta hopi despues mi a eksperensiá e kosnan físiko ku ta bini kuné. Ora mi a kuminsá bira malu, ora mi a realisá ku tin algu ku no ta bai bon, ya mi tabata meimei den e malesa ta bai kaba, pero mi no tabatin niun noshon. Kon mi ta bai hasi sali for di e mundu skur akí? Kon mi ta hasi papia ku un persona riba e kos akí, sabiendo ku lo mi haña un 'label' pa semper.

Nan no por mira mi sintá na sikólogo ni sikiater pasobra ta hende loko so ta bai einan. Soledat ta poderá di mi. Mi ta sinti mi so i niun hende no ta komprendé mi. Mi tampoko. Mi ta un hende straño. Lo ta loko mi ta di bèrdat. Mi no ta funshoná komo mama, mi no ta funshoná den un relashon. Ta instabil mi ta òf mi a pèrdè kabes? Asina mi tabata sinti mi pa e echo ku mi no por a funshoná komo mama i ku mi no por a biba un relashon sano i stabil. Dikon mi no por sali afó? Mi ta sin balor. Mi no tabata fet niun kaminda. E echo ku mi no tabata logra ta konfirmá un bia mas ku mi so no por. Mi stèm ta sigui resoná: "Bo a wak awor ku di bèrdat mes bo no ta sirbi?!"

Mi tabata deseá di ta ku mi yu aki na mundu i ei mes mi no ke tabata parti di e mundu akí. Mi tabata ke un otro bida. Tabatin momentonan ku mi tabata pidi Dios pa tuma mi. Mi ker a biba pa mi yu pero mi no tabata sinti ku mi tabatin e forsa. Mi tabata ke sali afó na e manera mas fásil. Mi tabata pidi pa mi drumi i no lanta mas, pero mainta mi ta yama Dios danki ku mi a lanta pa mi yu. Mi bida no tabatin kontenido mas i mi a sinti mi so, kompletamente bandoná.

Mi tabata puntra mi mes; kon un hende ta sali for di kualke buraku ku e ta den? Kon un hende por hisa su imágen i su konfiansa i balor propio ora kasi no a sobra nada? Mi tabata sali for di e pensamentu ei pa un ratu i tabata sigui riba e mesun pia, pero pió ainda, pasobra mi desishonnan awor tabata basá riba e manera baho ku mi tabata pensa di mi mes. E resultadonan i e konsekuensianan tabata konfirmá mi pensamentu ku bèrdat mi no ta sirbi.

Mira unda mi desishonnan ta hiba mi! Mi ta aseptá hòmber ku no ta pas pa nada den mi bida, ku ta duru i ta trata mi brutu. Hòmber ku ta bai ku otro muhé i ta gaña mi. Hòmber ku ta disparsé i ami ta kai den desesperashon kaminda miedu di abandono ta tuma kontròl di mi. Kisas ta esei mi meresé? Despues ku mi matrimonio a frakasá, mi tabata puntra mi mes kiko realmente ta pasa den mi kabes ku mi ta aseptá un situashon ku no ta bon ni pa mi ni pa mi yu i tòg mi ta keda den dje. Baha tur mi prinsipionan, norma, balor i moral.

Pa kiko? Pa loke ami tabata yama amor? Mi a brua tur kos den otro. Konfushon a tuma su lugá kompleto den mi bida. Mi no ni sa mas kiko ta amor propio, tampoko balor propio. Mi no tabata sa mas ken mi ta. E forsa pa pone un stòp na e sírkulo visioso akí, mi no tabatin. Miéntras ku mi sírkulo di hende tabata minimalisá i bira mas i mas chikí, mi a stòp di eksistí. Mi a bai bèk na hui fo'i tur hende. Hende ta yama mi, ma mi no ta kue telefòn. Mi ta traha afsprak i ta kanselá nan. Mi a stòp di hasi kosnan ku mi tabata gusta i a krea un bida kaminda no tabatin bida.

Kuater aña di biba ku piknan haltu i djei mes pa profundidatnan hundu. Temporada bon i ménos bon kaminda mi no a ni realisá ku ta den un depreshon mi tabata pasa. Mi a agotá sin por a bin bei pa realisá ku tin mas ku sufisiente hende rondó di ku mi ta stima mi. Sosten di esnan ku a keda i e struktura di atendé mi yu i mi kas kombiná a yuda. Huntu ku e enfoke total riba trabou, e momentonan di sinti mi mes normal i útil a kuminsá bin bèk, tiki tiki pero sigur.

Mi tabatin un par di aña ku mi a disidí ku mi no ta bebe remedi mas pa trankilisá ni solushoná nada. E novèmber ei mi a yega na e punto kardinal di mi bida. Di naturalesa mi ta un hende hopi sensibel ku ta eksperensiá tur kos intenso. No solamente loke no ta dushi pero tambe e kosnan ku mi por disfrutá i ku ta yuda mi sinti bon. E remedinan a hasi mi un hende slap, manera un persona ku no ta sinti nada mas. Nan a trankilisá mi di un banda, pero di otro banda nan a paralisá mi di mas, mi tabata un kontraste di e persona yen di energia ku mi ta.

Den mi trabou mi mester ta kontinuamente empátiko i sensitivo pa siñalnan ku hende ta duna. Mi a skohe pa no biba mi bida sintiendo asina slap mas, p'esei mi a stòp ku tur remedi. Mi a baha nan promé ku yudansa di mi sikólogo. Pa despues logra kita nan huntu ku tur e efektonan sekundario ku esaki tabata trese. Loke tambe tabata un proseso riba su mes. Niun tiki fásil pero ya mi tabata asina kansá ku mi no tabata ke mas. Mi a stòp di bai sikólogo i tabata pidi Dios so tur dia pa E yuda mi i sana mi di mi malesa i di tur e pensamentunan i sintimentunan ku ta bini.

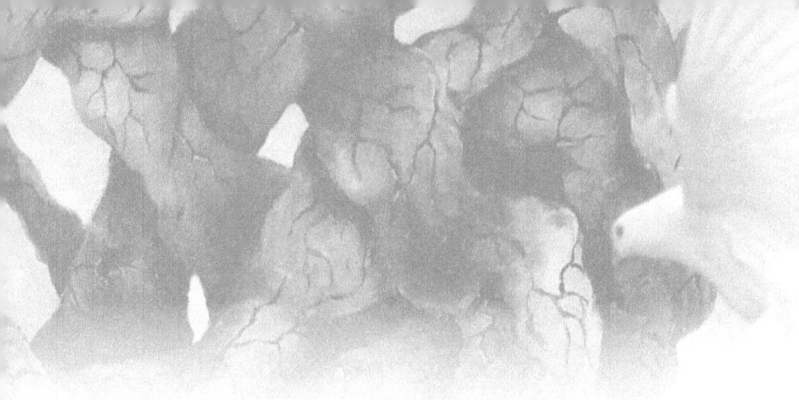

MI ERENSIA

Un manshon, outo, plaka. Mi Erensia!
Hoyanan impreshonante
Trahá di pèrla, oro i djamanta. Mi erensia!
Kapasidat pa studia i bira un muhé
importante. Mi erensia!
Ta fo'i tata, mama i tambe wela
Ai ta un tanta grandi a muri i laga keda.
Ta mi erensia!
Maske kuantu mi a purba
Te ainda nunka mi a logra.
Problema finansiero
Ta manera biba na mi porta.
Por ta, ta mi erensia?
Malesa ta asotá mi, unu tras di otro
Yunan rebelde ta serka di hasi mi loko.

Kisas ta mi erensia?

Mi bida no ta konta. Mi ta sin balor

Fo'i dia mi a wòrdu abusá

T'esaki ta mi erensia?

Físikamente i mentalmente maltratá

Asta mi identidat mi a lubidá

Kos sekreto pa hopi tempu

Kon mi ta hasi kibra e silensio?

Señor mi Dios!....T'esaki ta mi erensia?

Nò mi yu, NO!

Masha tempu Mi ta anhelá

Pa bo basha bo kurason manera awa dilanti

Mi

Ta pa bo mi a krea e momento akí

Para ketu i realisá

Ku si bo ta Mi yu

Anto ta Mi eredero bo ta

Na bo a wòrdu duná

Tres arma poderoso pa medio di kua

Awe bo kadenanan lo wòrdu kibrá

E nòmber di Hesus, e sanger di Hesus i e

Palabra di Bèrdat

Lanta, lucha i wòrdu liberá

Kibra tur e kadenanan di e mal erensia ku

tin bo mará
Mi erensia pa bo ta
Felisidat i no desgrasia
Goso real ku ta kore ku tur rabia
Tur ku ta teme Mi lo eredá e tera
Lo mi dun'e pas, honor i rikesa awor
I finalmente e erensia selestial
Kual ta bida eterno ku bo Salbador a proveé
den Su gran amor

Si Mi yu, t'esaki ta bo erensia!

10. HERIDA HABRI

Mirando un película mi ta tende e frase: "The wound of honor is self inflicted". Loke ta nifiká ku e herida di onor ta heridanan kousá dor di nos mes. Mi mente ta bai riba e historia di un águila. E por biba te setenta aña. Pero pa e logra esaki e tin ku tuma un desishon difísil. Den su di kuarenta aña su uñanan ku a bira largu i flèksibel no ta logra kue su presa tene mas, esei tin komo resultado ku ta bira difísil pa e yag riba kuminda.

Su pik largu i skèrpi tambe ta kuminsá dobla. Su alanan, awor pisá dor di su plumanan diki i riba otro ta keda pegá na su pechu, ta hasié difísil pa bula. E águila tin na e momento akí dos opshon; muri òf pasa dor di un proseso duru i doloroso. E proseso akí ta rekerí di e águila pa e bula bai haltu riba tòp di un seru i sinta den su nèshi su so. Pa einan e bati su pik kontra di un baranka te ora e dal e pik kita afó.

Despues e ta warda su pik krese di nobo pa e saka su propio uñanan kuné. Ora su uñanan krese di nobo bèk e ta usa nan pa saka su plumanan diki ku ta pisá p'e. I asina ei e águila ta bula restourá di nobo bèk. Renobá pa biba trinta aña mas. Un kambio nesesario pa e sobrebibí i biba.

Un anochi riba 10 di ougùstùs 2011 mi mama a yama mi. Mi mama ta bisa mi na telefòn ku mi ruman hòmber a bira malu i ku hòspital a bèl e. El a indiká mi ku mi ruman hòmber ta na e departamento di promé ousilio i ku e no sa ta kiko a pas'e.

Mi mama su bos tabata zona preokupá pero tòg trankil den mi orea.

Mi ta sinti mi kurpa friu di e drùpelnan di sodá ku inmediatamente ta kuminsá kore riba mi kurpa. Mi a yama mi tata i despues mi ruman muhé pa pone nan na altura. Nos kada unu for di kaminda nos tabata, a kore bai pa topa otro na hòspital. Sintá den sala di espera nan ta yama nos fam. Rápidamente mi ta kana bai tras di e zùster. Rondó di mi, diferente hende ta kana pasa. Unda ku mi bira tin hende drumí òf sintá ta warda. Un dòkter ta kana topa mi. Mi tin ku echt sak mi kabes pa mi wak e den su kara miéntras ku e ta splika mi ku e no por bisa mi ainda kiko ta pasando. "Nos ta investigando i hasiendo diferente tèst ainda", asina e ta bisa mi.

Mi ruman hòmber a bira malu na un klup nokturno. E tabata saka i skuma i nan a yama ambulans p'e. Siguiendo e dòkter mientrastantu ku e ta papia ku mi, mi ta tende un gritu ta yega mas serka. E dòkter ta keda pará na un kama. Ta mi ruman hòmber. Gritando ku su wowonan será.

E tin un jeans bistí. E ta lomba sunú i ta bòltu bai bin riba e kama. Mi ta wak e ku tantu pregunta den mi kabes mientrastantu ku mi ta kontrolá mi rosea pa keda trankil. E zùster ku mi tabata kana tras di dje inisialmente, ta duna mi su pòtmòni, su yabi di outo, su telefòn, su oloshi i prendanan i ta bisa ku mañan nos lo sa mas. Su siguiente dia nan ta bisa nos ku el a haña un hersenbloeding, pues un atake selebral i ku nan tin e den kuido intensivo pasobra su situashon ta krítiko.

Den kombersashon e spesialista ta splika nos, ku e promé setentidos oranan ta krusial pasobra e por bai tur dos banda. Rekuperá òf muri. Nos ta bishit'é tur dia i nos ta hasi orashon na Dios pa su rekuperashon. Despues di e tres dianan el a kuminsá bira mihó. Nan ta disidí di ten'e dos dia mas den intensive care. Kaba nan ta mand'e ariba na e departamento di hòmbernan.

Mi ta bai wak e i atendé kuné tur dia. Mi ta ripará ku e no ta bon bon ainda, pasobra e ta papia frasenan bruá tin bia. Aparte di esei, e ta mustra tòg manera un hende ku ta rekuperando. E ta kombersá, kome i asta papia kos di hari. Su djabièrnè spesialista ta manda yama nos pa un kombersashon.

Nan ker a splika nos loke ta pasando ku Bryan i dòkter a indiká ku si e sigui bon manera e ta bayendo aki, djaluna e ta bini kas. Nos mester regla kuido na kas p'e i tambe regla asuntu di ròlstul pasobra ainda e no por kana bon. Su kurpa ta suak i el a baha basta di peso. Nos ta sali for di einan ku hopi speransa i gratitut. Su siguiente dia, djasabra, mi ta bolbe bai serka dje.

Mi ta mira ku e ta hopi mas mihó. Mi ta sinti mi mes kontentu i aliviá. Peso i strès ta baha for di mi lomba. Mi ta sinti ku mi por hala rosea trankil atrobe. Dor ku ta ami a bai tur e dianan asina intensivo, kombinando e bishitanan ku mi mes trabou, mi ta disidí ku djadumingu mi no ta bai. Mi ta tuma un dia off, ya ku awor si tur demas famia porfin por bai wak e, pasobra awor e tin mag di risibí bishita. Dùs mi no ta bai wak e. Djadumingu anochi algu pasá di nueb'or despues ku e delaster bishita a bai, hòspital ta yama mi. Mi ruman a bolbe bira malu i pa nos bini hòspital mas purá posibel...

Promé ku mi tata a konosé mi mama, e tabatin dos yu hòmber i dos yu muhé kaba. Nan tabata mi rumannan di banda di tata. Mi tata a bin kasa ku mi mama i na mart 1972 mi mama a haña mi ruman hòmber – su promé yu – i na novèmber 1973 mi mama ta haña ami.

Semper mi mama a bisa mi ku Bryan tabata planiá pero ami a bini di sorpresa. Mi mama a konta mi ku fo'i mucha nos tabata hopi diferente for di otro. Mi ruman hòmber, e ta bisa, tabata hopi mas trankil ku mi, trankil pa trata kuné, un poko den su mes –introvertido- i ta opservá tur kos bon. Ami tabata ekstravertido, familiar i semper mi ta laga e hendenan rondó di mi sa ku mi tei. Na chikí, mi ruman tabata opservá ora mi tabata papia ku hende straño òf ora mi no ke sinta ketu i e ta bisa mi mama pa bisa mi stòp òf pa mi bin sinta. Nos diferensianan a bira mas grandi segun nos tabata krese.

Nos por tabata huntu i na pas ku otro pa un ratu pero masha lihé nos kada un tabata kue nos mes kaminda. Nos tabata sali huntu i por a disfrutá huntu ku primu i primanan, amigunan ku nos tabatin en komun i otro amigunan di bario, pero nos kada un riba nos mes.

Ami ku mi ruman hòmber no tabata manera e rumannan ku semper ta huntu, ku ta manera mihó amigu, kendenan ta papia i konfia otro tur kos i ku ta komprendé otro. Ami a eksperensiá nos relashon manera kandela i awa, nochi i dia, ost i wèst. Nos tabata otro su polo opuesto i esei a pone ku apesar ku nos tabata pasa hopi tempu den otro su kompania, tòg mi no a sinti un konekshon profundo. Ta manera kos ku mi tabata mas konektá ku e palu di flamboyan. E palu ku yaya di mi ruman hòmber a lag'e planta den nos kurá. E palu grandi, bunita ku flor oraño, kual den su brasanan mi tabata kologá huntu ku mi amigu, promé ku e bai su kas.

Na momentonan ku mi tabata gosa di su kompania tabata pasobra mi tabata opserv'é djaleu...di un distansia. Asina nos relashon a keda semper. Nos tabata pleita regular i e pleitunan tabata intensivo. E echo ku mi a biba afó tabatin su benefisio pasobra esei tabata temporadanan ku nos tabata apresiá otro mas. Nos ta stima otro hopi, sinembargo na un manera spesial i úniko. Diferente bia su aktonan tabata pone ku ami personalmente no tabata sinti mi apresiá p'e i mi ta kere di su banda meskos. Nunka mi a puntr'é esei. Tòg ta e mi a skohe pa ta padrino di mi úniko yu.

Mas grandi mi tabata bira mas mi tabata distansiá emoshonalmente for di dje. E tempu ei mi tabata husg'e hopi. Mi no tabata di akuerdo ku sierto kosnan den su manera di biba i mira bida. P'esei tin momento mi no tabata gusta loke e tabata representá den mi bista. Nos diferensianan a bira mas grandi segun ku tempu tabata pasa. Mi sa ku e tabata stima mi pasobra e tabata kla pa defendé mi den tur kos.

Mi ta kòrda ku un bia mi tabata ku fakansi na Kòrsou i mi a hür un outo. Su siguiente dia ora mi a lanta, e outo no tabatei. Ora ku mi mama a kont'e el a sali kas pa buska den bario si tin hende ku a mira òf sa algu. Mi ta kòrda ora el a regresá kas ku notisia ku e sa ta ken, Bryan a bai ariba bai kue un bate pa e sali kas i bai atendé ku e persona. Lomba sunú i ku furia el a baha trapi i bisa ku niun hende ta hasi su ruman e kos ei. Ta e yoramentu i rogamentu di mi ku mi mama, a pone ku e no a sali bai hasi un kos asina.

E tipo di momentonan ei òf tipo di situashonnan asina, e tabata sali pa mi. Den e situashonnan ei mi tabata sinti mi e ruman chikí ku mi ruman hòmber grandi tabata defendé. Mi a pasa añanan deseando pa mi ku mi ruman hòmber por tin un mihó relashon. Mi no tabata sa muchu bon kon pa hasi esei. Dor di no sa mihó mi no a dun'e un oportunidat hustu di demostrá mi otro. Mi no ker a aseptá ken e ta i kon el a skohe pa biba su bida. Wardando pa e kambia promé. Pakiko warda, mi no sa. Robando mi mes di tin un mihó relashon kuné.

Mi tabata husg'é. Mi ta kòrda ku un bia el a bisa mi ku un hòmber por drumi ku un otro muhé pero ku esei no ta nifiká ku e no stima mi. Awèl…mas rabiá mi a bira kuné, pasobra kon e por pensa asina? Kon mi ruman por ta pensa asin'ei. Esta naïf i sin eksperensiá mi tabata. Mi tabata kontra di e manera ku e tabata dil ku su relashonnan i mi no ke tabatin nada di hasi kuné den e tipo di kosnan ei. Mi tabata rechasá e kosnan ku e tabata bisa i hasi. Rechasando e komo persona asin'ei! Mi a yega di asta stòp di biba den kas kuné i mi mama pasobra nos dos no tabata bai bon.

Bispu di aña anochi riba 31 di Desèmber di 2009, Bryan a haña un aksidente di outo basta pisá. El a kore drenta un kurá di kas i a basha henter e muraya abou, lagando su outo totalmente destruí. E dia ei el a skapa pa di dos bia. Komo hóben el a yega di kore mi mama su 'Ford Thunderbird' nobo nobo ku mi mayornan a kumpra na Merka i a bòltu kuné, e outo ei tambe a keda totalmente destruí. El a skapa na wowo di angua.

Pero e bia aki nò! E bia akí ora ku hòspital a bèl nos pa bisa nos pa bini mas lihé ku ta posibel. Fo'i ora mi ta subi pa parker mi outo na hòspital mi ta tende un hende ta grita masha duru mes. Segun mi ta yega e entrada di hòspital mi ta rekonosé e stèm, tabata stèm di mi ruman. E tabata grita sin stòp. Subiendo e trapinan pa bai su kamber mi kurason ta bati pa sali fo'i mi kurpa.

Adrenalina ta kore den mi sanger i mi ta pèrdè noshon di loke ta rondó di mi. Mi pianan ta bai mas lihé ku mi kurpa. Kiko ta pasando? Dikon e ta grita asina? Mi Dios yuda nos! Mi no sa kiko pa hasi. Miedu ta poderá di mi, miedu i impotensia. Mi ta keda pará den e porta di e kamber. Mi ta mira algu ku te awe a keda retené riba mi pretu di wowo i grabá den mi memoria. Mi ruman ta mará na e kama. Ku su mannan i pianan mará.

Apesar ku e ta mará e ta bòltu, sakudí i ta purba di libra su mannan i pianan. Su gritamentu awor ta bira agonia pa mi. E ta kibra loke tin e wantá i ta move inkontrolabel. Su wowonan ta hanchu habrí sinembargo ta manera kos ku e no ta mira. E no ta wak mi... Mi ta den shòk! Mi ta sinti mi ta bèk, bèk i bèk bai patras te ora e stèm di e zùster grita mi. Bin yuda mi! Mi ta keda pará na un distansia, puntrando e zùster bes tras bes: "Kiko a pas'e, kiko a pas'e?" E zùster na su turno ta bisa mi ku e tabata bon bon kombersando un ratu promé ku e zùster pero diripiente el a kuminsá bira asin'ei. Tabatin tiki hende na warda pues e ora ei e zùster a pidi mi pa mi yud'e ku mi ruman.

Na e momento ei mi a drenta den "outo pilot mode", mi a kuminsá aktua na un manera outomátiko. E situashon di bida i morto akí a deskonektá tur mi emoshonnan i mi ta kuminsá yuda e zùster tene Bryan pa e mar'e bon riba e kama. Mientrastantu su pareha a yega i mi mayornan i mi pareha tabata na kaminda.

Ami, mi ruman su pareha i e zùster a kore dor di e hanchinan di hòspital, teniendo Bryan riba e kama, nos a bai pa nan hasi un MRI kuné. Den e sala di MRI tabata importante pa e ta ketu pa nan por a scan su kabes. Ata mi einan pará ku su pareha ta purba kalm'é i ten'é ketu, mientrastantu nos no por a haña kontakto kuné mas. Ku su wowonan será e tabata move i sakudí ainda miéntras ku e ta pishi su karson... Apesar ku nos tabata einan pará, nos no por a yud'é ku nada...

Mi oreanan ta riba un skèrpi i mi ta tende e zùster ta papia ku dòkter na telefòn. E ta splika e dòkter ku ta un kos ku e ta eksperensiá pa promé bia, pasobra nan a duna Bryan masha hopi sedante pa trankilis'é, pero ainda e no ta trankil. Nos ta keda einan pará ta ten'e...mi no sa kon largu...te ora el a bira mas trankil i asina nan por a hink'é den e mashin. Nos ta sali for di e sala di MRI bai pafó i ta haña mi mama i tata den sala di espera. Mi ta splika nan un bia mas kiko a pasa.

Warda, ta un kos ku pa hopi hende ta un problema...pa ami no tabata otro. Ami ta eksperensiá e echo di spera komo algu difísil pasobra mi ta haña ku mi ta keda den un insertidumbre kombiná ku impotensia. Pasobra mi no sa kiko ta bai pasa...mi no sa kiko mi tin ku spera ta bai sosodé, pues mi no tin kontròl. I den e kaso akí nada no ta den mi man.

Mi no por hasi nada. I mientrastantu mester warda, tempu ta bira e reto di mas grandi pa mi, pasobra ta masha importante kiko mi ta hasi òf keda sin hasi na e momento ku mi ta sperando. Nan ta isolá mi ruman hòmber. Mientrastantu mi prima a yega. Mi a bèl mi ruman muhé, Judy, pa e bini pero su kasá ta indiká ku e ta drumí.

Ami, mi mama, mi tata, mi ruman hòmber su pareha i mi prima ta huntu ku Bryan den e kamber. Wardando... e minütnan ku ta bai poko poko. Niun hende no ta indiká kiko a pasa Bryan ainda. Nan a saka potrèt di su selebre pero e neurólogo na warda no a yega ainda. Despues ku nos a keda puntra pa e dòkter, e zùster ta bisa ku nan a bèl e dòkter masha ora pero ku te ainda e no a yega. Nos tur reuní den kamber di mi ruman. Mama so nò. El a bisa mi ku e no ke wak su yu asin'ei. E zùster ta bisa mi pa hiba mi mama serka Bryan. Ata mi ta bisa mi mama atrobe pa bai wak mi ruman, ma el a keda para ariba ku e ta preferá keda sinta apart pa e hasi orashon, pasobra Dios lo intervení.

Porfin dòkter a yega, e ta hole stinki di alkohòl. E ta papia ku mi, e holó ta penetrante. Mi stoma ta wal i nousia ta kompañé. Mi tin gana di saka mi mondongo bin afó. E ta bisa mi ku mi ruman a haña un di dos 'hersenbloeding' i ku nan no por hasi nada mas p'e. Gewon asina el a bisa mi den su palabranan na hulandes: "Ta su mes falta. Ta asina nan ta mata nan kurpa". Mi ta mira mi mes saka delaster un sleim i hal ku mi kurpa a produsí te ku awor. Mi ta imaginá mi akumulá tur bin ariba kuné, pa mi por saka nan for di mi boka i plam'é den su kara. Mi ta kasi mira kaba kon e ta tapa su kara i kon nan ta keda pegá den su kabei. Bo ke sali "De Heeren", manera mi a tende zùsternan bisa, ku bo boka pèstá ku alkohòl ku mi a hol'e ku mi propio nanishi i bisa mi e kos akí.

Mi ta tende mi ta bis'e ken e ta kere ku e ta i ku ki derechi e ta kibra ku tur étika di trabou i profeshonalismo i ta insultá ami i mi ruman ku no por defendé su mes ni splika su mes. Awor ta ami ke kue un bate i batié kuné. Sinembargo mi ta keda ku gana! Sin bisa ni un pia di palabra mi ta bira bai. Sin saka nada for di mi boka mi ta kana bai buska mi mama. Un bia mas e ta bisa mi ku e no ke bai den kamber.

Mi ta regresá bèk den e kamber. Na un distansia mi ta wak mi ruman drumí. E ta hala rosea straño. Mi ta tende sleim den su rosea. E ta drumi riba su banda drechi. Su wowonan a keda será fo'i ora nos a bai hasi e scan. Mi prima ku su pareha pará banda di dje. Mi prima ta papia kuné i ta lesa algun versíkulo for di Beibel p'e. Su pareha banda di dje ta pasa man na su kabes. Mi tata pará banda di mi ku su mannan den otro. Sin sa ki ora, mi ta kana bai serka mi ruman, mi ta dun'e un sunchi i mi ta flùister den su orea ku mi stim'é i mi ta pidié pa e pordoná mi pa tur kos... Spesialmente e kosnan ku mi no a pidié pordon pa nan. Kosnan konsiente i inkonsiente. Kosnan ku mi ta kòrda i esnan ku mi a lubidá. Kosnan ku mi ta arepentí di dje i esnan ku mi tin ku arepentí di nan ainda.

Ni un ratu despues, e zonido di e sleim ta stòp i poko despues mi no tabata tend'e mas. Mi prima a bira bisa ku segun e, Bryan no ta halando rosea mas. Nos ta yama un zùster i el a manda un dòkter. I ta asina mes, un dòkter a bini i a konstatá morto pa 1.08 am. I tòg despues di esei lágrima a kore for di mi ruman hòmber su wowonan...

Ku chumbu den mi pianan mi ta bai buska mi mama. E distansia di mi ruman su kamber i kaminda mi mama tabata sintá no tabata leu, pero el a resultá di ta un di e kaminatanan mas largu i pisá ku mi a kana den mi bida te ku awor. Sintá den e hanchi dilanti di e kamber ku mi ruman tabata drumí na e promé piso. E bia akí mi no a puntr'é pa e bini. Mi a bis'e: "Mama, ban serka Bryan". E di ku mi: "Dikon? Mi a bis'e: "Mami…Bryan a bai sosegá". Mi a lei mi mama dor di e pasio pa nos bai na e kamber. Tur hende ku awa na wowo. Hasiendo lo inevitabel. Yora! I mi mama…ta drenta, para lèn keda wak mi ruman, su yu, nos Bryan i den shòk e no a laga niun lágrima, apesar ku mi tin sigur ku ta un riu di lágrima tabata kore den su interior… Un mama ta mira su yu morto i no un yu ku ta mira su mama morto. No tin palabra. Bo ta kibrá. Bo bida ta kambia instantáneamente. Nos a keda te ora personal di kasa mortuario a bin busk'é.

El a fayesé 22 di ougùstùs 2011. E di dos hersenbloeding a mat'é. Dia 23 mainta, e siguiente dia, mi mama a yora den kompania di Judy, mi ruman muhé. 27 di ougùstùs 2011 nos a der'é. Remarkabel ta ku sintá despues di entiero ta kompartí, mi ta tende un di su mihó amigunan ta konta algu ku pa mi ta masha pekuliar. Bryan a bis'é den un kombersashon entre nan, un seis luna promé, ku e ta manera un águila kla pa pasa den transformashon. Na e momento ku esaki a sosodé Bryan a kaba di hasi trintinuebe aña. Pa e bandoná nos ni seis luna despues. Dios a tum'e.

Di un òf otro manera mi bida a tuma un rumbo nobo ora mi ruman hòmber a bin fayesé. I no solamente pasobra mi a bira úniko yu di mi mama i mi tata su matrimonio. Mi tabata biba riba mi mes i despues di esei mi a bolbe bai biba na kas un bia mas, pasobra mi mama a keda su so. Despues ku mi ruman a bin fayesé nos a haña nos ta dil ku su morto pero tambe ku tur asuntunan no terminá ku a keda tras. Material i inmaterial. Bo tin ku imaginá bo ku mi mama i mi ruman hòmber a biba tur tempu huntu ora ami tabata den eksterior. Tambe ta nan dos a bati kabes na momento ku mi a bin Kòrsou bèk i ku mi a skohe pa no keda den kas huntu ku nan dos.

Un par di aña promé ku Bryan a fayesé ku konsentimentu di mi mayornan el a kumpra nos kas pa un "prikkie", kasi nada, pa aliviá nan. E ku mi mama a kana e kamindanan i a sera un dil ku mi tata tambe a firma. E palabrashon ku a sali for di e dil ei tabata, ku lo e kumpra e kas pa e montante ku a sobra habrí na banko, pero ku e kas ta keda di nos kuater i despues lo bend'é i repartí e sèn komo herensia pa nos ku ta nan yunan. Tur kos a bai via di notario. Ami ni Judy no tabata parti di e proseso ni mi no tabata na altura di e kondishonnan.

Ora mi ruman hòmber a muri mi a bin komprendé ku nan no a ofisialisá na notario e loke ku tabata palabrá verbalmente entre mi mama i mi ruman. Pasobra ken ta ferwagt ku e lo a bai ni dos aña despues. Mi ruman hòmber a fayesé sin ku nan a pone e afspraknan pa ku e herensia riba papel. Mi ruman hòmber tin un yu, e tabatin siete aña ora mi ruman a bai sosegá. I outomátikamente el a bira e ful heredero di tur loke ku mester tabata di nos tur.

Warda pa kambia, warda pa pordoná, warda pa madurá, warda pa restourá, warda pa aseptá, warda pa hasi bon, warda pa regla i atendé kosnan, warda pa rekonosé, warda pa pidi despensa, warda pa biba i stima? Dikon warda te ora aktua bira bo úniko opshon?

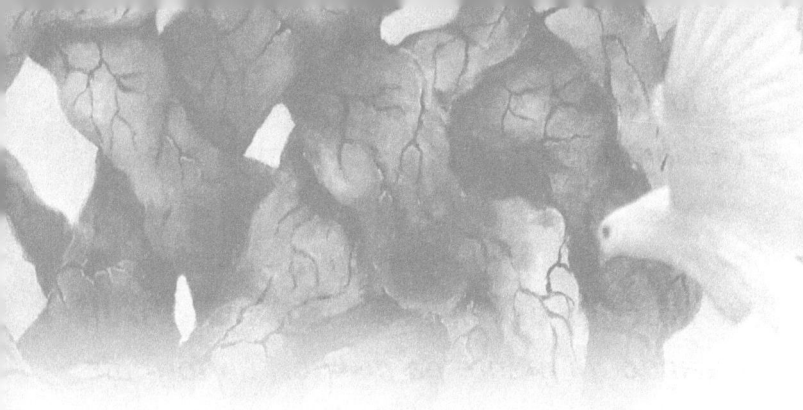

BISTA ÒF FE?

Mi a bin realisá

Ku maske bista ta di sumo importansia

Hopi bia nos wowonan no por kapta

E kosnan di mas importante den nos bida

Ora nochi sera mi no por mira e solo

Pero ta su influensia ta preservá e

naturalesa

Mi no por mira bientu,

pero tòg e ta refreská mi kurpa

Mi no por mira oksígeno,

pero sin dje mi no por biba

Tòg hende ke mira promé nan kere

Nò! Hende ta skohe ki ora nan ke mira

promé nan kere

Loke ta kumbiní nos ta kere sin mira

I loke no ta kumbiní nos ta kuestioná

Deklarando ku ta te ora nos mira nos ta kere

Mi a realisá ku esaki no ta kumbiní

E ta kosta mi demasiado energia pa diskutí

Fòrsando mi mente pa diskubrí un fórmula

Anto tur esaki sin keda kla

Mi ta bai bula den e riu di Fe, kere loke mi no ta mira

Konfia ku loke mi ta spera ariba, seguramente lo sosodé

E eksperimento akí a duna mi pas

I kombiná ku pasenshi mi a logra hopi mas

Mi ke invitá bo pa bo tambe purb'é

Bo no tin nada di pèrdè

Pasó tur kos ta posibel pa esun ku tin Fe

11. HALA RIBA MI LOMBA

Kansá mi ta di biba mi bida siendo morto. Ku mi mente mi sa kiko pa hasi pa mi sali afó. Ta esei mi a bin ta bisa otro hende. Ta un terapista mi mes ta. Mi sa kiko pa hasi. Mi sa kiko literatura i bukinan ta bisa. Mi sa loke mi a siña den mi estudionan i mi ta eksperensiá ya pa mas ku un dékada ku e ta duna resultado. Mi a logra yuda asina hopi hende yuda nan mes! Mi ta tende nan testimonionan tur ora. Kon por ta posibel ku mi no tin niun idea kiko hasi ku mi mes? E kos akí ta un bòftá den mi mes kara.

Mi ta manera un hende ku ta skupi den laira i e skupi ta bin kai riba mi mes kabes. Mi ta dunando loke mi no tin pa mi mes. Mi mes no ta mira un final positivo pa mi mes, ku ta hasi difísil pa mira e lus den mi propio tùnel. Anto tòg tur kos tin nan pakiko i nan dikon, ta djis mi mester mira i saka e bon ku mi por saka for di nan.

Via mi pareha nobo pa dos aña kaba, ku ta un gran sosten den mi desaroyo profeshonal tambe, mi ta haña sa ku ta bai tin un 'Dance Therapy Intensive course' na Long Island, New York. Pa mi bira un terapista di baile ('dance therapeut'). Ta un terapia kaminda ta analisá movementu i ta ekspresá emoshonnan dor di baile riba muzik skohé intenshonalmente. Algu ku ta yuda hopi den proseso di sanashon di entre otro emoshon na momento ku palabranan ta bira difísil pa ekspresá.

E ta ofresé pa paga esaki pa mi i despues di a sapatiá poko mi ta bai. Ta tres luna pasá mi a dera mi ruman. I tur kos ta sinti ainda manera ta ayera pa nos tur. Ta mi promé biahe ku mi ta hasi kompletamente mi so i largu. Ku mi ticket ya di buk i pagá mi no por a hala tras mas. Straño kon tin bia e loke mas bo mester di dje bo no ke hasi.

Desèmber mi ta bula bai New York. Mi promé bia ku mi a biaha mi so na un lugá asina grandi, den dianan di fiesta di fin di aña, leu for di tur hende i di tur kos. Un eksperensia sumamente nobo pa mi, spesialmente ku nada mi no tabata gusta òf por a hasi mi so. E dos simannan ei tabata e komienso di mi sanashon pa loke mi tabata bibando un gran parti di mi bida. Mi a baila...baila...i baila tur dia i henter dia pero awor riba músika di transformashon. Siñando e teoria i téknikanan di e terapia. Tur loke nos a siña, nan ta hasi ku nos kada un promé. Mi a baila i ekspresá tur doló, desapunto, rabia i emoshonnan ku mi no tabata sa mes ku mi tabatin.

Den un di e sekshonnan a bira kla ku mi tabata karga tur kos riba mi lomba. Mi tabata asta kana i baila doblá...ku un peso, un karga riba mi. I e dia ei, na e momento ei mi a baila i basha tur e kosnan ku mi tabata karga físikamente ku mi abou, fo'i mi lomba. Mi a baila, grita, yora i despues sinti mi aliviá i lihé atrobe. E situashon no a kambia kompletamente, pasobra emoshonalmente mi a keda instabil. Sí mi a baha basta di e peso, dunando espasio pa dil ku tur loke ku tabata i tin ku pasa ainda.

Mi a regresá Kòrsou ku mi sertifikado di terapista di baile ("dance therapaute") i ku mi ekipahe ménos pisá. Asina poko poko pero sigur, mi a siña kanalisá mi emoshonnan mihó dor di baile i kanta kantikanan ku ta edifiká òf esnan di adorashon. Mi a kuminsá traha riba mi mes. Rekonosé, aseptá i atendé ku mi mes. Realisando ku esun ku tin ku kambia ta ami. Mi tabata lesa hopi. Mi tabata bai laman tur djasabra mi so i mi tabata papia ku Dios. Mi tabata sa ku mi mester a tuma e desishon di laga drenta tur loke ta positivo i bon pa mi. Mi a asta kambia mi manera di wak televishon i di lesa korant. Mi a stòp di laga kosnan negativo drenta mi sistema i asina krea espasio pa kosnan ku ta fortifiká mi mas.

Den mi lucha pa un mihó estado mental i emoshonal, porfin na mart 2013, diessinku luna despues ku mi a pisa Kòrsou bèk for di NY, algu straño, masha surreal ta pasa. Tabata un dia manera tur dia i tòg na final di e dia spesífikamente akí, skama a kai for di mi wowonan. Mi mente a bin habri riba un área spesífiko den mi forma di pensa. Loke pa largu tempu a asotá mi bida a traha espasio pa nochi bira di dia. Diripiente mi a mira bida manera nunka promé.

E kuminsamentu di un siguiente etapa di mi bida a tuma lugá. Hopi bia hende ta bisa bo hopi kos. Di un òf otro manera bo sa i bo ta asta komprendé e loke nan ta bisa bo. Bo mente ta kapt'é pero e no ta haña lugá ainda den bo kurason òf vise versa. Un lucha interno ta tumá lugá. Bo ta pens'é pero bo no ta ker'é ainda. Bo sa pero e no a bira realidat ainda den bo bida.

Mi ruman muhé Judy ta yama mi un bia mas. Judy ta un liña kòrá den mi bida. Stimando mi inkondishonal. E tabata konsistente den laga mi ta ken mi ta, kaminda mi ta i unda mi ta den bida, demostrando mi amor, mansedumbre i papiando semper e bèrdat ku kompashon i sabiduria ku mi. Tantu bia e tabata yama mi i mi no tabata por òf ke kue telefòn. E no ta kondená mi i ta keda purba ku su santu pasenshi. E anochi akí tabatin algu diferente.

El a yama i mi no sa kon bin mi a kue telefòn. Mi no tabatin gana di tin kontakto ku niun hende. E ta bolbe skucha mi na telefòn. E mesun historia di semper ta sali fo'i mi boka. E mesun negativismo, e mesun historia kaminda mi ta bolbe trese mi doló dilanti, desapunto i e sintimentu di skuridat. Mi ta tuma e ròl di víktima i tene duele di mi mes pa di tantu bia. Despues di a tende mi, e ta deskribí mi un storia.

"Ora Dios a krea paranan, inisialmente nan no tabatin ala. Nan tabata move dor di usa solamente nan patanan i nan tabata felis. Dios tabata kontemplá nan i tabata sa ku nan no tabata kompleto ainda. El a disidí ku E ta traha ala pa nan. I esei El a hasi. El a traha ala pa nan i a pone nan riba nan lomba. E paranan no tabata kontentu ku loke Dios a hasi ku nan. Nan a murmurá i bai serka Dios indikando ku e alanan no ta dushi pa nan tin. E alanan tabata demasiado pisá. Nan no tabatin niun idea kiko hasi ku nan. Nan tabata keda reklamá i bisa Dios ku nan ta kargando algu asina inkómodo, blo pòrnada.

Dios e ora ei a splika nan ku nan tin e alanan pa un propósito. Ku tin un motibu bálido dikon El a krea ala speshal pa nan. I e motibu ta pasobra ku nan lo ta liber. Nan lo por mira henter kreashon for di ariba i biaha tur momento ku mester pa nan por sobrebibí opstákulonan ku lo presentá. Nan lo por mira shelu i tera henter for di otro perspektiva. E alanan lo pone nan zueif i move ku bientu. Nan ta e instrumènt pa nan por ta kompleto."

Judy a sigui bisa mi: "Sis...., bo ta keda wak tur kos ku a pasa den bo bida komo un peso. Un karga pisá. Bo ta mira solamente tur loke a pasa bo, pero bo no ta realisá ku Dios a permití nan den bo bida pa un motibu....un propósito. Dios a pone ala riba bo lomba. Nan por sinti pisá i kisas bo no ta komprendé pakiko bo tin nan. Sis, bo tin ala riba bo lomba. Stòp di mira nan komo un peso. Usa tur pa bo bula...wak awor tur loke bo a siña for di tur e situashonnan i usa nan pa bon"

I diripiente....…masha diripiente....…e mensahe a toka mi! E velo ku mi tabatin riba mi wowo a kai. Mi wowonan a klara. Diripiente mi a komprendé. Te den e profundidat di mi alma mi a komprendé i aseptá. E mesun kosnan ku mi tabatin den mi mente i kurason teniendo mi abou, ta nan ta mi forsa. Si mi djis kambia mi manera di mira nan, lo mi por komprendé. I einan pará - na un nivel profundo - mi a realisá ku ta netamente nan mes ta mi forsa. Ta nan mes a forma mi i ku di bèrdat tin un motibu i un pakiko pa tur kos. I e momento ei....presis e momento ei mi tabata kla pa permití e pensamentu nobo drenta. Laga tur e sintimentu i emoshonnan negativo bai.

Mira mi sufrimentu komo parti di loke tin ku forma mi den e muhé ku eksperensia i kompashon. E muhé ku ta komprendé otro pasobra e mes a pasa aden. E muhé ku ta saka lo mihó for di tur kos i ku ta pordoná di bèrdat. E muhé ku ta usa e loke a pisa su bida abou, pa lanta otronan den amor, pasenshi i mansedumbre. Sin sa kon, mi a bin rekonosé - apesar di tur kos - kuantu kos bon i lèsnan balioso pa bida tur e kosnan ei a siña mi i a trese p'ami. Tur kos a kambia na e momento ei pasobra mi manera di pensa a kambia. Den un fregá di wowo mi a haña kontesta riba mi orashonnan di añanan. Mi a realisá ku Dios a skucha mi i a kontestá mi. El a duna mi loke mi tabatin mester na e momento ku E tabata sa ku mi ta kla pa risibié.

Un kambio mental a tuma lugá manera lus ku a sende den skuridat. Mi a haña sa kiko pa hasi ku e karganan òf mihó bisa e alanan riba mi lomba. Mi a disidí ku mi ta usa nan. Mi ta usa nan pa mi "bula". Asina tur mi eksperensianan a haña nifikashon, destinashon i propósito! Mi a stòp di enfoká riba loke mi no tin i fiha mi bista riba tur loke ku si mi tin. Mi a habri mi kurason i mesora komprendementu, sabiduria i amor real a kuminsá hasi su entrada fuertemente den mi bida.

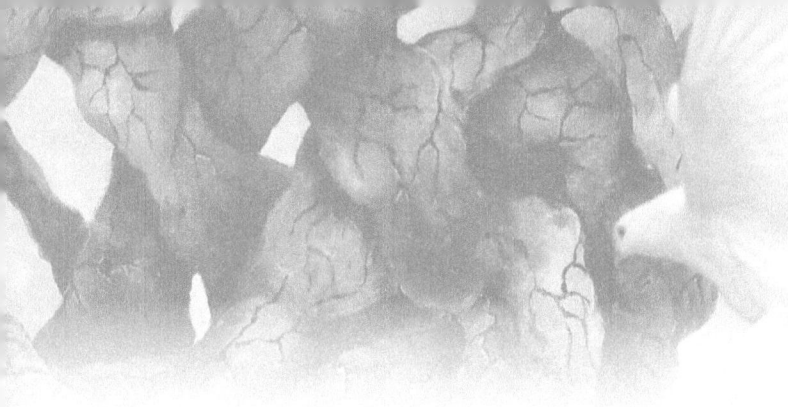

PAS

Kiko ta pas? Kietut sin estorbo?

Soño sin pesadia? Trabou sin preshon?

Laman sin ola? Áwaseru sin bos?

Kiko ta pas anto?

Viktoria sin bataya? Un biahe sin

turbulensia?

Kareda sin kompetensia? Kaminda sin

opstákulo?

Un bida sin reto?

Nò, pas no ta mará na sirkunstansia

Nò, pas no ta kai, lanta. Pas ta produkto di

konfiansa

Pas ta fruta di siguransa. Pas su rais ta fe

Pas semper ta permanesé,

No opstante sirkunstansianan desfavorabel

Ku nos ta pasa den dje

Awor, konfiansa, siguransa i fe den ken?
Den e Prínsipe di pas
Ku a laga pa nos un ehèmpel atras
El a soportá doló, sufrimentu i inhustisia
I maske El a lucha ku ansha di morto
Tòg..... na final El a logra mantené Su pas
Awor ta kos posibel pa hende?
T'e pregunta ei a pasa den bo mente?
Difísil por ta, pero.... imposibel....Nunka!
Tata a primintí ku lo E no duna nos un karga
muchu pisá
Ku nos no por karg'é
Anto Spiritu Santu ta duna nos grasia pa
nos por alkans'é

Ta e mes a deklará:
Mi pas Mi ta laga pa boso
Mi pas mi ta duna boso

PAS.......
Hende ku no tin Dios, nunka lo eksperensi'é
Pero abo i abo i ami ku tin Dios, pa medio di
fe, ya nos tin n'e
PAS! Bo tambe por alkans'é

12. BULA

Nan a splika mi ku un apsès o blufein ta krese na momento ku tin un infekshon okashoná hopi bia pa bakteria, vírus i asta sushi. E por inflamá i bo por sintié òf e por sali na otro partinan di bo kurpa. E ta bira un pèshi doloroso ku pus den dje. E infekshon por afektá henter un área. Dependé kon serio e ta, ta bira posibel pa trata e inflamashon ku un 'trekzalf'. Pero no ta semper esei ta yuda. Nos kurpa ta bring'é i ta purba di rechas'é ma dor ku e no ta haña su kaminda pa sali afó di un manera natural, e ta hasi daño. Un hende por sinti henter su kurpa bira malu e ora ei i por haña asta keintura.

Tin bia un bishita na bo dòkter di kas òf asta un operashon na hòspital ta bira nesesario, pa primi e infekshon òf kòrta e apsès pa e pus bin afó. Asina ku eliminá e apsès, mesora e persona ta sintié bon bèk. E sushi a sali, e kurpa ta limpi bèk pa e herida sana. Mi ta pensa mesora kuantu bia mi a haña e tipo di infekshon akí na mi kurpa. E tabata sali kada bia na un otro parti di mi kurpa. Diferente bia a logra saka e pus ku yudansa di un 'trekzalf'.

Te un bia mi a haña unu ku a bira di pafó mesun grandi ku un fuèrtè, e moneda di fl.2,50 di e tempu ayá, ku un rais - ku dòkter a bisa mi despues di a oper'é sak'é - di kasi sinku cm di profundidat. Promé ku mi a yega mi dòkter di kas, kende a manda mi hòspital mesora, mi tabatin keintura, mi no por a kana i mi por a kai flou di e doló. Ta bou di narkósis nan a bin sak'é te den su rais. Despues di e operashon ei, nunka mas el a bini bèk.

Asina tambe nos manera di pensa ta afektá henter nos bida. Nos emoshonnan i nos akshonnan ta flui for di nan. Meskos ku e apsès ta afektá un área, asina ei tambe nos pensamentunan negativo tokante di nos mes, tokante di otronan òf situashonnan den promé instante, ta afektá un área den nos. Si nos no sak'é afó nan por trese problemanan ku ta afektá nos bida negativamente. E solushon ta bini ora nos dil realmente ku nos pensamentunan i nos emoshonnan. Nos manera di pensa tokante di kosnan mester kambia! Ta importante pa nos haña un otro manera pa mira bèk riba kosnan ku nos a pasa aden. Saka lèsnan i eksperensia for di nan i traha riba pordon.

Traha riba un perspektiva nobo ku ta edifiká nos. Sino e pensamentunan negativo ku nos no ke laga lòs ei i ku nos ta sigui alimentá, ta trese komplikashon den nos interior dor ku nos no a atendé ku nan na tempu. I asin'ei tiki tiki pero sigur nos por sinti ku nos ta pèrdè grep i kontròl riba nos manera di pensa. Esaki finalmente ta influensiá nos manera di aktua. Nos por sinti ku nos ta kai den un "abismo" i ku nos no ta mira salida. Esei lo tin un influensia negativo riba nos propio bida i e bida di esnan rondó di nos ku tantu nos ta stima.

Si di bèrdat nos ke logra sali for di e lugá di doló, negativismo, desapunto i tur otro sintimentu i emoshonnan ei ta algu radikal mester sosodé. Dil ku e kosnan akí ta duru i doloroso. Sigur ora tur tempu nos a skohe pa sisti nan. E ta eksigí un manera di pensa i di mira nos situashonnan ku un otro wowo. Konfrontá i atendé ku e problemanan ta bira importante i asta inevitabel. Ora bo enfrentá e realidat di bo eksperensianan, saka lèsnan di bida òf siñansa i saka e bon fo'i nan, bo ta desmaskará bo markanan. Loke ku a bini pa marka bo, bo ta usa awor pa bo propio kresementu. Na momento ku bo superá esaki bo por edifiká otro.

Ora kita un apsès, loke ta bira importante ta, kon ta kuida e herida. Limpiesa i higiena ta nesesario kaminda e herida ainda ta habrí i ta hasi doló.

Meskos tambe no ta nifiká ku pasobra bo ta atendiendo ku e situashonnan, e doló no tei mas. Esaki ta un proseso fuerte ku ora e sana ta trese alivio pa semper. E marka ta keda tras. Ta tuma tempu pa entrená bo mes i tuma responsabilidat pa bo aktonan sin bent'é riba otro. Esei ta nifiká "hasié parti di bo" i "tuma bo responsabilidat". Aseptá i disidí ku bo ke pa susesonan traha pa bon den bo bida i no laga e eksperensianan, situashonnan òf hendenan kambia ken bo ta negativamente. Asta ora e tabata inhustu. Asta ora ta otronan a aportá òf tabatin falta.

Abo por disidí kon largu bo ta laga e situashon òf e persona dominá bo bida i ta doño di ken bo ta bira. Keda ku renkor òf venga ta mantené bo den e doló i rabia maske masha ten bo ta pafó di e situashon. Esaki ta eksigí un kambio di paradigma ku lo hiba na akshonnan diferente. E ta nifiká sali for di e sintimentu òf e ròl di víktima. Sali for di e sintimentu di duele di bo mes. E loke ku a bini pa kibra bo awor lo no kibrá bo mas. Bo a dil kuné, bo a rekonosé, bo a komprendé, bo a siña di bo proseso. Ku otro palabra bo a desmaskar'é. I asina...asina mes...despues di e trayektoria largu i pisá, bo a siña un manera nobo pa enfrentá situashonnan.

Loke bo a eksperensiá den promé instante komo un karga, awor ku bo a atendé kuné i a kambia bo manera di pensa, ta hasi bo un hende mas kompleto. E heridanan ta sana i bo ta keda ku un marka. Un sikatris! Bo tin eksperensia pa bo mes i pa yuda otronan. E marka ta e prueba ku bo a bai guera. E situashonnan a heridá bo pero tambe prosesá bo. Sinembargo bo a superá i a haña e viktoria. E sikatrisnan awor nèchi será ta keda i ta bira parti di ken bo ta. Nan a kumpli ku nan propósito. Bo tin un historia. Nada no a bai pèrdí.

Loke ami por bisa bo di mi propio eksperensia ta ku Dios ta laga tur kos obra pa bon. Sí! E kosnan ku a bai malu òf robes tambe. Pasobra bo ta stim'É. El a yama bo konforme Su propósito. Bo bida tin propósito! No tin sufrimentu sin propósito. Dios ta stima bo i E no ta bandoná bo nunka. Den bo momentonan difísil i skur tampoko. E asuntunan rondó di bo bida ta konmov'E. Bo no ta bo so. E tei! No konfundí Dios, ku loke hende a hasi bo òf bisa bo. Dios si tei. Tur momento. E ke nos felisidat i no nos frakaso. No tin nada ku por separá bo for di e amor di Dios. E ta sana bo pasobra E ta stima bo. E tei! Yega serka djE sabiendo ku no tin nada imposibel p'E. Pero tin un parti tambe ku ta nos mes tin ku hasi. Ta importante pa nos ta sinsero ku nos mes, ku otronan i sigur ku Dios.

Tin speransa! Ta yega e momento ku e kosnan no tin bo abou mas. Bo ta siña usa bo alanan pa bula.... Lo bo bula.. riba tur situashon! Lo bo konta i usa bo historia pa edifiká, empoderá i yuda otro. Bo tin hala riba bo lomba. BULA!

www.ingramcontent.com/pod-product-compliance
Lightning Source LLC
Chambersburg PA
CBHW021619120626
46545CB00001B/303